Par J.-Fr. André. Voy. Barbier et Quérard.

LE TARTARE
A PARIS.

LE TARTARE A PARIS,

Par M. l'Abbé A***

A PARIS,

Chez MARADAN, Libraire, rue des Noyers, n° 33.

1788.

DIALOGUE ENTRE UN FRANÇAIS ET UN TARTARE.

KERMAELI, VALSIN.

KERMAELI.

J'AI quitté les plaines de Samarcande pour venir m'instruire de vos arts, vos loix, vos mœurs & votre constitution. Cette foule d'hommes avides que j'ai rencontrés par de là le Caucase, Français,

Anglais, Hollandais, tous empressés à dépouiller les climats de leurs productions naturelles pour enrichir l'Europe, ne cessait de me vanter vos richesses, votre luxe, votre magnificence. Vos arts n'offraient que des merveilles! Les prodiges y naissaient à chaque pas! La curiosité m'arrache à mes foyers; je m'expose à mille dangers pour voir ce pays d'enchantement. Qu'ai-je vu? Votre misere, vos besoins & ma sottise.

VALSIN.

Monsieur de Samarcande, je savais bien que dans vos climats on tenait prodigieusement à la barbarie; mais je n'aurais pas imaginé qu'elle y fût si enracinée. Comment! après n'avoir vu que des chaumieres, des tentes, & tout ce que la Nature offre de sauvage dans vos longs déserts, vous n'admirez point cette pompe, cette magnificence, cette variété, ce nombre de palais qui s'élevent jusqu'aux cieux, & qui ſeraient plus dignes de loger un Dieu qu'un mortel ? Ces ſuperbes ameublemens, ces toiles, ces marbres qui reſpirent la vie, cette élégante ſomptuoſité dans nos tables, ces théatres où la muſique, la peinture, la danſe & la poéſie nous enlevent à nous-mêmes, ces lieux publics qui, aux yeux étonnés, offrent plus de monde que vos plus grandes villes n'en raſſemblent, plus de richeſſes que vos climats n'en ont produites : tout cela ne vous touche pas ? J'aurais deviné que vous étiez Tartare. Que je vous plains !

KERMAELI.

Je puis vous paraître barbare ; j'uſerai de votre franchiſe. Vous me paraiſſez de grands enfans ; & ſi votre orgueil peut deſcendre juſqu'à écouter un ignorant, mais enfant de la Nature, je vous prouverai que tous ces objets, ſi dignes de votre admiration, ne méritent que la pitié d'un homme ſenſé.

VALSIN.

Céla ſera charmant! Je m'en fais une fête. C'eſt du nouveau ; je le publierai dans tous nos petits ſoupers.

KERMAELI.

De tous vos arts, je n'en veux qu'un ſeul pour vous montrer la futilité de tous les autres. Si comme vous nous poſſédions ce grand art de la guerre ; ſi ces corps nombreux & ſerrés qu'un ſigne fait mouvoir, qui ſe diviſent, s'étendent, ſe replient, eſclaves de l'ordre dans le deſordre même ; ſi ces ſoldats portaient dans ma patrie, comme dans la vôtre, ces armes qui imitent la foudre, vous ne feriez plus rien. Vaincus auſſi-tôt qu'attaqués, votre faibleſſe, votre indolence, vos plaiſirs, votre luxe vous livreraient à ces hordes que vous traitez de barbares. La force triompherait du nombre, la pauvreté des richeſſes, l'ignorance de tous vos arts : oui, le Tartare, inculte, groſſier, traînerait dans ſes déſerts le Français aſſervi, malgré ce poli, cet éclat de vos mœurs, cette urbanité & tous ces arts frivoles, qui de vos ſens énervés flattent l'orgueilleuſe moleſſe. Vous avez du courage ! je le veux : quel peuple en a manqué? Quand on défend ſa patrie, ſa femme, ſes enfans, ſa liberté, ſes dieux & ſa vie, il n'eſt point de poltron qui ne s'éleve au-deſſus de lui-même; le lâche devient un héros. Pourquoi donc la palme de la victoire ne couronne-t-elle pas de ſi nobles déſirs ? C'eſt que rien ne réſiſte à la force. Des froides contrées du Nord, juſqu'aux lieux où l'Océan reſſerre l'Indien brûlé du ſoleil, nous avons tout dompté. De la Corée, nous avons franchi les ſommets arides du Caucaſe, & les deſcendans de ce peuple barbare aſſerviſſent encore les Dardanelles & les mers d'Égypte juſqu'au mont Atlas. Penſez-vous que tant de peuples ne ſentaient pas comme vous leur cœur palpiter au nom d'esclave ? que le bruit des fers ne les remuait point ? qu'ils n'eurent jamais ces étincelles, dont l'honneur embrase un cœur qui défend tout ce que l'honneur a de plus sacré ? intérêts si chers, si grands, que le plus vil, comme je vous l'ai dit, se transforme en héros : cependant nous les avons vaincus. Ils les possédaient, ces arts dont vous paraissez si fiers : comme vous, ils nous méprisaient : vils objets de pitié pour eux, nous étions à plaindre de végéter sous des tentes, loin des palais, des spectacles & du foyer brillant des arts : on eût dit qu'à-peine le soleil se levait pour nous ; que privés de sa lumiere, nous étions condamnés dans nos déserts, à sécher, périr d'ennui, & mourir dans l'obscurité. On sait beaucoup, quand on sait vaincre ; & nous avons vaincu. Nous n'avions d'art que celui de les mépriser tous ; de richesses que notre pauvreté ; & nous avons vaincu. Pourquoi ? Je vous l'ai déja dit ; tout cede à la force ;

& la force ne suit jamais la molesse. N'oubliez pas de le répéter dans vos petits soupers : criez-le dans les campagnes, à la ville, au Louvre, par tout : & si parmi vous il existe un homme que vos arts n'aient point corrompu, il vous dira qu'un Tartare peut quelquefois donner de bonnes leçons.

VALSIN.

Vous me paraissez cependant avoir beaucoup de bon sens : & si vous aviez cette fleur d'esprit que l'on ne possede qu'en France, vous m'étonneriez bien davantage. Je n'aurais jamais cru qu'à Samarcande on raisonnât avec cette vigueur. Mais rassurez-moi, je vous prie : avant que les Tartares ne viennent balayer, sabre à la main, nos spectacles, nos jeux, aurai-je encore le temps de faire un enfant à ma maîtresse ?

KERMAELI.

Je n'ai pas ce sel piquant qui pourait aiguiser l'attention d'un Français. Apre & dur dans mes discours, comme la Nature au pié du mont Taurus, ma franchise peut blesser une oreille délicate, nourie de sons plus harmonieux : mais si mon éloquence, aussi inculte que mon maintien, n'est pas fleurie, peignée comme la vôtre ; souvenez-vous, je vous prie, que je suis né sur les rives de l'Araxe. Est-il permis d'avoir de l'esprit, loin des bords fortunés de la Seine ? Toutefois, s'il est possible qu'un Tartare ait du bon sens, levez les yeux, vous dirai-je. Il me semble que le soleil roule sur nos têtes ; je ne l'ai pas encore vu reposer : l'auriez vous vu ? Non. Les momens, les années, les siecles se précipitent autour de lui ; ce qui n'est pas aujourd'hui peut arriver demain ; tous les jours mille événemens imprévus étonnent notre raison, surprennent notre prévoyance : & vous me demandez....! Jeune homme, il eſt toujours temps de faire des eſclaves.

Les fruits ne ſont-ils pas renfermés dans leur germe ? Cette pomme fut une fleur ; cette moiſſon ne fut qu'une herbe : peut-être vos Alpes ont commencé par un grain de ſable ; le chêne, qui de ſes rameaux couvre un arpent, fut un point : le temps dévelope tout. Ce qui eſt dans ſa maturité touche à la corruption : j'ai tout dit.

VALSIN.

Degrace, ne me privez point d'une prophétie : quoique profâne j'aime à les entendre ; c'eſt mon faible. On m'a aſſuré qu'avec des contes bleus ma nourice m'amuſait des journées entieres. Vous m'effrayez cependant. Si, au bord de l'Araxe, j'étais un jour deſtiné à faire pour vos enfans ce que ma bonne faiſait pour moi ; c'eſt qu'il faut être très-plaiſant pour amuser de jeunes Tartares : mais je serais si vieux, si vieux !....

KERMAELI.

Savez-vous que vos Gaulois jadis saccagerent la ville de Rome ?

VALSIN.

Oui : la valeur nous fut toujours naturelle.

KERMAELI.

Lorsque le Sénat, résolu à la mort, n'avoir plus de ressources que dans le respect que sa longue barbe inspirerait à des furieux, pensait-il, ce Sénat, qu'il échaperait au glaive, pour venir mutiler vos Gascons ? Ces Gaulois, ces Romains imaginaient-ils qu'une horde de Francs viendrait détruire l'amphithéatre de Marcellus, & jetter dans les fers ceux qui avaient tant de fois triomphé du Monde connu ?

Qu'ont produit leurs arts ? hâter leur destruction. On ignore où fut Carthage : & vous doutez de la puissance du temps ? Alexandre a passé comme un torrent : son char ensanglanté traînait l'Orient enchaîné ; le bruit de ses exploits retentit jusques dans nos solitudes ; je crois même que par ses mains la terreur y lança une flèche. Qui, des Grecs ou des Scythes, regne à Pella. Arbelle & Marathon rampent sous le Croissant. Thémistocle, Epaminondas, Lysandre, & tant d'autres grands-hommes, que diraient-ils, s'ils voyaient leurs descendans, dégradés, avilis, dépouillés de leur sexe, assurer par leur honte les sérails de nos freres ? Doutez-vous encore du pouvoir du temps ? Comme on peut ralentir sa course, on peut aussi la précipiter. Il s'arrête avec complaisance où il voit régner les mœurs, les loix, la justice & la simplicité ennemie du faste & des fausses grandeurs. Des mœurs ! vous n'en avez point. Des loix ! vous ne les observez pas. De la justice !

vous donnez tout à l'intrigue. De la simplicité ! elle n'est déja plus un ridicule, vous en avez fait un vice. Vous n'avez donc rien qui puisse ralentir la course du temps. Je le vois de ses aîles rapides renverser tous ces édifices, & sous leurs vastes ruines écraser l'indolence & la molesse. J'ai dit que vous n'aviez point de vertus : le germe en est infecté dans ses trois sources, la religion, la sainteté du mariage, principe de toute société, & le patriotisme, qui la soutient. Quel culte rendez-vous à l'Être suprême ? Il en est parmi vous qui croiroient plutôt notre Lama que votre Christ ; & ce nombre renferme les lettrés, les premiers de la Nation, & les riches. On peut y ajouter ceux qui ont renoncé aux mœurs, & qui font profession d'insulter à leur sainteté & à la raison Tartare, & par là même très-indifférent sur vos opinions, je n'examinerai pas quelle en peut être la cause ; mais j'en prédirai bien l'éfet. La destruction de l'État suit celle de la religion. Rome

aa-t-elle ſurvécu à ſon idolâtrie ? Ne vous y trompez pas : ce n'était plus Rome qu'aſſervit Conſtantin, mais ſon ombre. Telle abſurde que ſoit une opinion, une-fois qu'elle eſt ſacrée, elle n'eſt plus indifférente. Il faut que l'édifice croule avec ſes fondemens ; & vainement voudriez-vous l'étayer. Ce qui a commencé tend irréſiſtiblement vers ſa fin. Les ruines immenſes de la Nature nous aprennent autant ce qui fut, que l'exiſtence actuelle de ce qui doit ceſſer. Les mœurs tiennent au culte ; c'eſt lui qui leur donne leur ſanction ; ſans lui tout devient arbitraire ; la volonté relegue les Dieux dans le pays des chimeres, pour régner ſur la Terre, parmi la confuſion, la fraude, le meurtre, & l'aſſemblage monſtrueux des vices. Si vous opoſez le frein des loix à l'incrédulité, vous ne faites rien que lui donner une force nouvelle. La perſécution a peuplé les déſerts aux dépens des villes : mais une fois qu'une Nation ſe diviſe en deux claſſes, l'une de croyans, l'autre d'incrédules; ou la premiere détruit la seconde, ou celle-ci détruit la premiere; & quelquefois périssent-elles toutes deux. Les haines, les factions allument les bûchers, les incendies : le fer trouve partout les victimes : le sang inonde toutes les plages: ce qu'il en reste est souvent livré à l'esclavage. Ce ne sont point là des fables, Monsieur le Français; on s'égorgeait à Constantinople pour des argumens, lorsque nos freres Turcs ont démontré ce que je viens de vous avancer. Voilà où vous expose la religion. Voyons ce qui peut résulter du vice qui chez vous dissout le lien conjugal. Ou la société émane du Grand-Être, ou elle est le choix des individus qui la composent. Dans le premier cas, c'est un sacrilége, un attentat sur la Divinité, que d'en relâcher les liens : dans le second, c'est saper en même temps l'édifice, que des millions d'hommes ont élevé, pour les écraser sous ses ruines. Principe fondamental, l'homme isolé n'est rien; il est tout avec ses ſemblables. La faibleſſe, je dirai preſque le néant, devient la reine de la Nature. Les métaux ſortent des entrailles de la Terre ; ils nous aident à fertiliſer ſon ſein : la mer eſt aſſervie : tous les élémens ſont nos tributaires : l'eſclave de la miſere, d'une mort certaine a briſé ſes entraves ; le déſir du bonheur vient de créer un ſecond Univers ; de l'ignorance même il a fait ſortir un trait de lumiere aſſez éclatant pour faire comprendre aux hommes, que, réunis, ils réſiſteraient à tout ; diviſés, ils ſeraient la proie de tout La ſociété eſt réſolue ; la voilà faite : mais il faut la conſerver. Volupté ! mere de tout ce qui a vie, ta main bienfaiſante va la cimenter ; tes feux ſacrés vont chercher dans les forêts l'homme errant & groſſier ; tu échauffes ſon inſtinct ; tu lui donnes une ame ; tes traits ſi doux, ſi puiſſans ne ſont plus lancés au haſard ; tu donnes des yeux au plaiſir : ſon charme inexprimable eſt éclairé ; égaré dans les forêts, tu le ramenes au ſein des villes ; à ton aproche d'immenſes cités s'élevent ; ce n'eſt pas aſſez de te porter dans ſon cœur, l'homme reconnaiſſant t'éleve des autels ; la toile a reçu tes traits, le marbre les multiplie ; charmée de ton empire, tu ne regrettes plus ta liberté ; pour mieux aſſurer ta dépendance, tu te donnes des liens que tu ne puiſſes rompre ; la chaſteté, la bienſéance veillent aſſiduement à la porte de ton palais ; ce temple qui te renferme, ce palais plus précieux que l'or, qui jamais ne ſut t'éblouir, quel eſt-il ? Femmes vertueuſes, vous ſeules le connoiſſez. Oui, c'eſt vous, qui d'une main chaſte élevez l'édifice de notre bonheur ; c'eſt vous auſſi dont les mains perfides font crouler cet édifice, qui enſévelit les mortels que vous y aviez attirés ſous l'appât du bonheur. On vous compte pour rien ; voilà l'injuſtice. On ne ſonge pas que les familles ſont le principe de toute ſociété durable, que vous êtes le principe de chaque famille, que ſans vous elle n'exiſterait pas ; qu'elle ne peut ſe maintenir que par l'union ; qu'elle est essentielle à la conservation de l'homme naissant ; que sans elle son enfance lui serait plus funeste que la vieillesse ; en un mot que la société ne peut subsister, ne peut commencer ni finir que par vous. Voilà à quoi l'on ne songe pas ; & voilà l'ignorance. En voici les fruits : Sainte pudeur! la premiere qui osa violer tes loix donna un exemple au monde plus funeste que la contagion de l'air. Elle jetta sur l'abîme un pont, au delà duquel la licence était reléguée ; tous les crimes ont passé avec elle. La concorde, compagne fidelle de la pudeur ; la confiance, qui doucement se reposait sur son sein ; la paix & l'essain des vertus, tout fut banni. L'époux, témoin de la honte de son ami, craignit de caresser les gages de son deshonneur : l'épouse eut peur de faire un ingrat. Charmés l'un l'autre de se prévenir dans la route du crime & de l'infidélité, on crut être dupe, si on ne dupait pas le premier. Les enfans, gages incertains de la tendresse, ne virent à leur tour qu'un étranger où ils cherchaient un pere : les bienséances & les formalités tinrent lieu d'amour, de respect & d'obéissance. : chaque famille eut lieu de douter de son chef : & l'autorité paternelle n'étant plus fondée sur l'amour & le respect, le gouvernement des rois n'offrit plus à son tour l'image touchante d'un pere qui cherche le bonheur de ses enfans. L'intérêt personnel isola tout. Plus de patriotisme. Rien qui dans les crises imprévues pût arrêter les malheurs toujours prêts à fondre. Vous ne doutez pas sans-doute que le patriotisme n'ait sauvé beaucoup d'états : que tout périclite, où il n'est point. Si à ce vice, l'indifférence pour la Patrie, se joignent l'irréligion, & les desordres qui, en sapant l'harmonie des mariages, ébranlent les empires, quelle idée aurez-vous de cet état ? Je crois, Monsieur, que les Tartares pourraient bien ne plus être si loin de la religion : vous savez ce qu'elle est. La fidélité du mariage n'est pas même dans vos romans. Le patriotiſme! Cela ſent trop l'antiquité. Patrie & pays, ſont pour vous la même choſe. De quoi vous flatez-vous donc? & ſi près d'être eſclaves ou barbares, pouvez-vous avoir de l'orgueil? Oſez-vous même vous comparer à des *Tartares*?

VALSIM.

Rien de plus flateur pour nous que ce point de comparaiſon; pour nous qui avons créé l'art de plaire, nous qui poſſédons des femmes charmantes, de ces femmes toujours neuves, en dépit des temps & de l'uſage; qui, par leurs agaçantes minauderies, dérideraient le front d'un Scythe; qui ſavent vous jouer de ces perfidies engageantes qu'on ne ſaurait définir, qu'on aime malgré ſa raiſon, & qui vous conduiſent au bonheur à-travers une foule de petites tracaſſeries qui vous déſolent & qui vous enchantent. Pouvez-vous comme nous, vous vanter de ces vins exquis, que jamais ne connut votre Lama, tout dieu, tout immortel qu'il ſoit? de ces vins, contre leſquels la triſteſſe ne tient pas; ſpécifique admirable contre les vapeurs, les migraines; de ce nectar qui releve l'eſpérance d'un amant trahi, agrandit l'ame, & fait de la plus jolie femme le plus joli miniſtre d'état? Ah! Monſieur, que ces vins donnent de courage! Vous nous menacez de vos Tartares! Si la vendange répond cette année à nos vœux, craignez à votre tour: nos femmes ſeules ſeraient capables d'aller à Samarcande, y trancher impitoyablement toutes les barbes, vous donner nos modes, réformer vos uſages, vous aprendre nos chanſons, nos bons-mots, & vous faiſant ſubir en tout le joug du vainqueur. Nouveaux Céladons, je vous vois déja déteſter votre rudeſſe, ſoupirer à la Françaiſe, & regretter les momens perdus dans la Barbarie. De quoi, s'il vous plaît, pouvez-vous vous flater? Quels ſont vos plaiſirs? Avez-vous un Opéra? Connaiſſez-vous nos boudoirs? Vous n'avez pas même d'actrices ; pas une ſeule petite-maîtreſſe ! Si près de la Chine, vous ignorez juſqu'à leur porcelaine : pas l'ombre de commerce ; malheureux ; condamnés à manger vos chevaux ; & peut-être pas un ſeul cuiſinier ! Vêtus d'une laine groſſiere, que vous n'avez pas l'eſprit de préparer ; plus ſauvages que les animaux dont vous portez les dépouilles, vous oſez vous comparer à nous ! Peut-être ſerons-nous votre conquête ! Il faut être bien barbare, pour extravaguer ainſi.

KERMAELI.

Si j'imaginais que vos diſcours ne fuſſent pas une plaiſanterie, je ſerais un inſenſé de vous répondre, & je mériterais ce perſifflage qui confirme tout ce que j'ai avancé de vos mœurs : mais honorez-moi aſſez de votre confiance, pour me dire votre ſecret ; daigniez être homme avec moi ; & ſans être plaiſant, je vous dirai : que de toutes ces choſes qui paraiſſent mériter vos éloges, il n'en eſt pas une ſeule qui ne faſſe honte à votre patrie. Vous vantez votre commerce ! Qu'y gagnez-vous ? Votre ruine. Toute l'Europe ſemble courir à ſa perte par l'avidité du commerce. Oui, votre ruine, la pauvreté, la miſere, le luxe, le faſte, la corruption, l'injuſtice, & la perte de la république.

VALSIN.

Convaincu de nos vices, plus encore que vous, parce que j'ai dû mieux les connaître ; mais charmé de nos vertus, qui ſont réelles, ainſi que nos défauts, & que vous n'avez pas eu le temps de pénétrer, je n'ai opoſé que la plaiſanterie aux vives incurſions que vous avez faites ſur nos ridicules, me réſervant le droit de vous aprendre par où il fallait nous eſtimer ; mais, en blâmant notre commerce, ne dois-je pas ſoupçonner qu'au-lieu de cette raiſon ſévere que votre franchiſe me fait aimer, vous voulez à votre tour employer la plaiſanterie que vous condamnez en moi ?

KERMAELI.

Je n'ai rien dit que je ne puiſſe motiver. Ma bouche & mon cœur ſont toujours d'intelligence. Tartare, je parais ce que je ſuis, & je ne ſuis jamais que moi.

VALSIN.

Sur quoi fondé, nous condamnez-vous donc ſur le commerce ? D'où vient ce préjugé, ſinon de l'impuiſſance des arts & de l'induſtrie ? Comment apellez-vous ce qui eſt opoſé aux opinions de toutes les nations policées ? D'où vous vient ce reproche flétriſſant de barbare, ſinon de ce que vous démentez cette raiſon univerſelle de toutes les nations inſtruites ? Qui ſera mon guide ? l'ignorance, ou la lumiere. Renoncerai-je au flambeau que l'antiquité me confie ? Conſulterai-je le Samoyede obſcur, ou ces noms fameux, Rome, Tyr, Athenes, & Carthage ?

KERMAELI.

Rome, Tyr, Athenes & Carthage eurent leurs préjugés : leurs vertus ne furent que des vices éclatans. Le Samoyede eſt obſcur ! Ira-t-il demander aux ruines de Rome comment on ſoutient la proſpérité d'un empire ? Tous ces états ont tombé ; ma raiſon doit-elle conſulter une ombre ? Que penſeriez-vous d'un homme qui, dans un précipice, vous crierait : ſuivez ma route. Je n'en croirai donc aucun de ces noms fameux : ma raiſon me parle de plus-près ; elle eſt à moi : la vôtre vous eſt étrangere : l'imitation la déforme, & le faſte l'a corrompue. Parmi les bouleverſemens de tant d'états, comment peut-elle être muette ? Comment ne vous dit-elle pas : Si Rome n'eſt plus, ne fut-elle pas écraſée ſous le poids de ſa grandeur ?

Elle n'était donc pas véritable. Rome a tout dompté: ses conquêtes ne l'ont-elles pas détruite? Le glaive qui consuma tant de peuples l'aurait-il dévorée? Ce n'est donc pas la guerre qui soutient les états? Qui jamais eut plus de courage, plus de fermeté, plus d'élévation? qui sut mieux prendre une résolution? qui connut mieux les moyens, le principe & la fin? Cependant Rome fut. Il est donc d'autres moyens de conservation. Le commerce! Carthage & Tyr ne sont plus malgré le commerce des deux mers. Où donc irons-nous chercher des peuples dont l'histoire nous instruise & nous conduise à une fortune immuable? Où! Partout où regnent l'ignorance & la pauvreté: chez les Samoyedes ou chez les Tartares: ils vous diront que la modération est la base inébranlable où pese l'édifice de la société; qu'elle seule la protége, la soutient, tandis que le commerce & les arts frivoles la dépouillent de ses véritables richesses, pour y en supléer de factices & d'étrangeres. Ils vous diront que les Tartares sont les seuls peuples qui remontent à l'origine du Monde; les seuls enfans de la Nature immuables comme elle, les seuls qui la suivront tant que le Soleil éclairera ce Globe.

VALSIN.

Le commerce n'est-il pas le lien des Nations? Sans lui chaque peuple, séparé des autres par ses mœurs, ses loix, plus encore que par les distances, ne resteroit-il pas isolé, & comme emprisonné par la Terre qu'il habite? Quelle communication l'Amérique pourait-elle avoir avec Londres, Madrid, Amsterdam, & avec le reste du Monde, si des hommes industrieux n'avaient su trouver des aîles qui nous élevent au-dessus des mers? L'Europe rassemblerait-elle les productions de tous les climats? Riche des siennes, n'est-il pas doux de faire contribuer les autres contrées à notre bonheur, & de les rendre tributaires de notre induſtrie. Chaque pays ne produit pas tout. Otez le commerce, vous voilà privés des productions des autres climats: Ce ne ſera plus pour vous que le ver-à-ſoye préparera ſon duvet précieux. Les mines du Pérou renfermeront leurs tréſors: l'Inde voluptueuſe ne contribuera plus à nos goûts, à notre aiſance: l'Europe, dépouillée de ſes arts, conſacrera à la barbarie ces mêmes mains que l'induſtrie ſait employer à ſon bonheur. Ah! Monſieur, ſi la ſurface de ce Globe eſt enſanglantée, c'eſt qu'elle eſt couverte d'habitans dont les inclinations ſont moins pures que celles de ces hommes paiſibles qui nous enrichiſſent quand nous les calomnions. Dites, je vous prie, lorſque le feu de la guerre embraſe toutes les contrées; s'il reſte quelque union parmi les hommes; s'ils ne s'entredéchirent pas comme les bêtes féroces; à qui le devons-nous? Au commerce.

KERMAELI.

Si le commerce empêche quelquefois les hommes de s'entredéchirer, ne les y engage-t-il pas auſſi très-ſouvent ? Le ſang des Européens coule aux bords de l'Inde & du Gange ; le Tigre ne fut pas le ſeul animal féroce qui trempât de ſang la terre des noirs Africains. Le Canada fume encore ; & ce n'eſt pas le Sauvage deſeſpéré qui a allumé les incendies. Où conduiſez-vous ce peuple d'infortunés, que vous arrachez à ſa patrie ? Pourquoi l'expoſez-vous ainſi à la merci des ondes ? Eſt-il ſi criminel qu'il mérite que vous mettiez l'océan entre ſa patrie & lui ? Qui vous a donné des droits ſur vos ſemblables ? Européens, vous outragez la Nature. Ces Negres ſont des hommes. — Je les achete. — D'où te vient le droit d'acheter un homme ? Ne vois-tu pas qu'en dégradant ton eſpece tu l'avilis à tes propres yeux ? Si tu l'eſtimes une bête de ſomme, que feras-

tu

tu toi-même ? Ignores-tu que les hommes ſont égaux ? — Mais ce n'eſt qu'un noir, & je ſuis blanc. — Qui t'a dit que l'un eſt vil ? qui te fait penſer que l'autre eſt noble ? Eſt-on noble en outrageant l'humanité ? Ne ſais-tu pas que les couleurs ſont indifférentes aux yeux de l'Eternel ? Tu es Chrétien, dis-tu ! Ton Dieu eſt donc mort pour lui comme pour toi : & tu oſes mettre un prix ſur celui que ton Dieu a jugé d'un prix infini. Non, tu n'es pas chrétien ; tu n'es qu'un barbare. Le lion n'a jamais dévoré pour avoir du ſucre. Sois auſſi généreux que lui : attends que la faim aiguiſe tes apétits ſanglans, que le deſeſpoir te donne des griffes. Si ta bouche devient meurtriere ; ſoumis aux beſoins, aux loix des animaux, diras-tu, il eſt juſte que j'en aie la voracité. Mais de quelle ombre de juſtice peux-tu colorer tes attentats ? Ton argent te donne-t-il le droit d'égorger celui qui n'en a pas ? Peuples, ſi telle eſt ſa penſée, étouffez ce monſtre...... Donnez-lui la puiſſance, il va de la Terre faire un immenſe tombeau. Si, pour être le plus riche, tu n'as pas le droit de m'égorger, pourquoi auras-tu celui de m'ôter ma liberté? Je la tiens de la Nature, ainſi que ma vie. Si la vie eſt un don que tu ne puiſſes m'enlever, ma liberté eſt auſſi ſacrée. Ne vois-tu pas, cruel, qu'en me privant de l'air que je reſpire depuis que j'exiſte; qu'en me traînant de mers en mers, d'affronts en affronts, de ſuplices en ſuplices; qu'en me conſumant de travaux ſous un ciel étranger & malin; ne vois-tu pas, boureau, que ce n'eſt point attenter à ma liberté? non, ce n'eſt pas ma liberté que tu prends; c'eſt ma vie. L'eau qui fertiliſe ton champ, c'eſt ma ſueur; ta boiſſon, c'eſt mon ſang. — Ta plainte eſt injuſte; je ne t'ai rien ôté. Ta liberté! tu ne l'avais plus, quand on t'a livré à moi; tu l'avais perdue les armes à la main, ainſi que le droit de vivre. Ceſſe donc de gémir: ton eſclavage eſt même une grace. — Puiſſent les Dieux t'accorder cette grace, & finir par une prompte mort la vie que je devais perdre. Avant de descendre au tombeau, souffre que je t'interroge. Le droit de la guerre (si celui de l'humanité ne t'est pas connu, au-moins tu connaîtras celui là) quel est-il ? — De tuer. — Les morts rendent-ils des services ? — Non sans-doute. — Pourquoi donc, si je suis censé mort, mon esclavage est-il utile aux inhumains qui trafiquent de moi ? Tu vois qu'en admettant ton droit affreux de la guerre, par sa nature même, je ne pouvois te servir. Ce droit affreux, l'aurais-tu apris de nos léopards ? Sache que la guerre ne peut avoir d'autre but que la défense de la patrie ; de droits que d'en tuer l'ennemi. Or, cet ennemi, ce n'est pas un homme, c'est la nation. Moi j'étais ton frere. L'ennemi est toujours armé. C'est un homme, c'est ton ami, dès qu'il n'a plus d'armes. Ta patrie est sauvée : voilà le but de la guerre rempli. Je perds mon rang de citoyen, mon prince, ma république, mes biens, si tu n'es pas généreux ; voilà ma peine ; voilà ce que la juſtice te permet le reſte eſt un attentat digne de la haine des hommes & des Dieux.

Voilà, Monſieur, le langage que pouroit tenir une de ces victimes infortunées deſtinées à fomenter votre luxe & votre commerce.

VALSIN.

Si c'eſt là tout ce qui vous engage à le détruire, il me ſemble qu'on peut encore courir les mers ſans craindre les reproches de ſa conſcience. On dégrade l'homme; on l'avilit, on l'outrage, en lui donnant des fers? Soit: perſonne ne le nie. Nous ſommes, ſi vous voulez, des barbares: je paſſe condamnation pour un moment. Les Africains, eux qui rompent les liens du ſang, pour vendre leurs freres; qui ne peuvent ſouffrir que leurs compatriotes, boivent l'eau des mêmes fleuves, reſpirent le même air, ſe raſſemblent dans les mêmes temples; quel nom leur donnerez-vous? L'ignorance, ainſi que les arts, produit donc la barbarie?

KERMAELI.

Mais vous, Européans, qui entretenez leurs divisions, qui leur mettez le poignard à la main, qui préparez des chaînes, en mettant un prix à l'esclavage ; de quel nom voulez-vous qu'on vous nomme ? Celui qui met un prix à l'assassinat, n'est-il pas un assassin ?

VALSIN.

Avant qu'il y eût des Colonies, l'Africain s'égorgeait ; le Sénégal était ensanglanté ; l'Amérique n'était pas encore pour nous. Le commerce était-il l'objet de ces meurtres ? Fut-ce pour lui que l'homme y disputait de férocité au tigre même ?

KERMAELI.

Le premier qui commit un assassinat, si vous voulez, ne trafiquait pas de ses meurtres; mais celui qui marchanda cette proie ſanglante, & la paya, n'a-t-il pas multiplié les aſſaſſins? Et lorſque vos vaiſſeaux aprochent de l'Afrique, ne vous ſemble-t il pas que des abîmes de l'Océan s'éleve une voix qui rétentit dans ces ſolitudes immenſes : Peuples, préparez vos chaînes, je vous aporte le plus grand de tous les biens, l'or; l'or va vous enrichir, & jetter vos ennemis dans les fers : livrez-nous ces eſclaves. Et ſi la liberté eſt auſſi chere que la vie, n'eſt ce pas leur dire : Peuples, hâtez les meurtres : en voilà le prix. Le commerce eſt donc comptable de tout le ſang verſé pour ſon objet, comme l'or l'eſt de celui qui inonda toute l'Amérique; & de toutes les victimes qu'il renferme dans les entrailles des mines de ce nouveau Monde. Les arts ainſi que l'ignorance auraient donc leur barbarie !

VALSIN.

Il n'eſt pas un ſeul bien qui n'ait ſes

abus & ſes inconvéniens. Rien de l'homme n'eſt parfait ; & renoncer à tout, parce que de tout il réſulte un mal, eſt un projet plus dangereux & plus funeſte au genre-humain.

KERMAELI.

Renoncer à tout, parce que de tout il réſulte un mal, c'eſt le projet d'un inſenſé : mais conſerver un bien qui eſt la ſource de mille maux, qui n'eſt un bien qu'en outrageant la Nature, qui ne peut ſervir qu'en détruiſant l'eſpece ; c'eſt le projet d'un furieux. Un champ fertile en poiſons fut-il jamais un bien ? Et celui qui s'enrichit en livrant des laines empoiſonnées, fut-il jamais le bienfaiteur du genre-humain ?

VALSIN.

C'eſt prêter de mauvaiſes intentions à nos Commerçans. Jamais ils n'ont eu d'autre but que d'enrichir leur patrie ;

Citoyens utiles & laborieux, ils n'imaginent pas qu'ils arment un monde contre un autre : leur probité eſt auſſi connue que la fureur & l'aveuglement des Negres. Lorſqu'on veut diſcuter la juſtice d'une Nation, il faut être juſte ſoi-même.

KERMABLI.

Je ne vais pas chercher dans l'homme de quoi le trouver mépriſable ! mais lorſque je vois un homme, la flamme à la main, détruire l'eſpérance des laboureurs ; ſans ceſſer d'être juſte, j'ai le droit d'aſſurer, que, ſi cet homme n'eſt pas un ſcélérat, il eſt un inſenſé. Je veux croire, comme vous le diſiez, que leurs inclinations ſont pures, que leur induſtrie a pour objet le bonheur public : je vous l'ai déja dit, je ne fouille point dans le cœur de l'homme ; je juge par les éfets, & ſans calomnier. Je crois avoir prouvé que, ſi parmi les embraſemens, le commerce ſert de liens aux nations, ſouvent auſſi les rougit-il de ſang, ces liens. Le fer ne gémit-il pas avec la victime dont il tranche les jours ?

VALSIN.

Otez la traite des Negres, le commerce ſera donc légitime ; & nous pourons ſans crime jouir des aiſances qu'il nous procure ?

KERMAELI.

Vous ne le pourez pas même ſans crime. Mais avant d'agiter cette queſtion, il ſerait bon d'examiner s'il eſt vrai qu'il vous rend plus aiſés.

VALSIN.

Quoi ! ce ſerait un crime que de s'enrichir par un travail innocent ? Et vous douteriez que le commerce rendît la vie plus douce, plus commode ? C'eſt entaſſer les paradoxes.

KERMAELI.

Expliquons-nous. La vie peut-elle être douce, quand on n'eſt pas content de ſon ſort ? Celui qui a moins à déſirer, jouit-il de la vie la plus agréable, la plus commode ?

VALSIN.

Il eſt des hommes heureux dans une fortune bornée; mais d'autres ſe déplaiſent au ſein même de l'abondance.

KERMAELI.

C'eſt avouer qu'on peut être malheureux en jouiſſant des douceurs d'une vie commode, tandis que d'autres vivent contens, quoique privés de ces douceurs. Donc elles ſont indifférentes au bonheur.

VALSIN.

Quand on ne ſait pas mettre une borne à ſes déſirs, il n'eſt pas étonnant que les richeſſes ne ſatisfaſſent point quelques hommes, tandis que d'autres moins ambitieux, vivront ſans elles, & vivront heureux. C'eſt là une affaire de raiſon.

KERMAELI.

Donc il eſt vrai que ſans la raiſon tout les biens que le commerce peut aporter des deux Mondes n'ajouteront rien à la félicité des hommes. Voulez-vous aggrandir votre bonheur ? changez l'objet du commerce ; portez vos marchandiſes partout où la raiſon ſéjourne, échangez-les contre elle, & vous n'avez plus de vœux à former. Il ſemble qu'on ait pris à tâche de faire le contraire.

VALSIN.

J'ignore où ſe feroit ce commerce. Car,

ſi l'on vous en croit, la raiſon eſt étrangere à ce Globe. Mais, d'où qu'elle puiſſe venir, ſi la fiévre l'accompagnait, il ſerait encore permis de former un déſir : celui de la troquer contre cette raiſon même.

KERMAELI.

Je vous ai parlé d'un homme, & non pas d'un Dieu. Les infirmités, qui accablent notre nature, n'ont aucun raport avec le bonheur, qui dépend de la modération de nos déſirs. Or, cette modération, la raiſon ſeule peut vous la donner. Une fois que vous aurez fait cette acquiſition, il ne ſera plus beſoin de braver les tempêtes, pour jouir d'une vie douce & agréable.

VALSIN.

Votre raiſon, fût-elle encore plus élevée, ſi vous êtes condamné à un travail pénible, qui ne vous laiſſe de relâche que pour essuyer les sueurs de votre front, ne sera pas beaucoup pour votre plaisir.

KERMAELI.

Avant de songer au plaisir, nous ferions bien d'écarter les peines : & la raison sait les rendre plus légeres. C'est un grand pas vers le bonheur. Mais ces sueurs, auxquelles vous me condamnez, d'où me viennent-elles ?

VALSIN.

Les dix-neuf vingtiémes du genre humain vous le diront : de votre pauvreté.

KERMAELI.

Et pourquoi eux & moi sommes-nous pauvres ?

VALSIN.

Ou la fortune n'a pas répondu à votre industrie, ou vous n'avez pas su la seconder.

KERMAELI.

Ce vingtiéme a donc eu plus d'industrie, ou la fortune lui a été plus favorable.

VALSIN.

C'est la vérité. Voilà pourquoi ils sont riches. Mais de tous les moyens le plus noble, le plus prompt, c'est le commerce. Jugez combien on lui doit, puisque par lui la vingtiéme partie de la Nation s'est enrichie.

KERMAELI.

Funeste instrument du malheur des hommes, quel que tu sois, n'aproche jamais de ma patrie. C'est toi qui acheves de porter au plus haut degré l'inégalité entre le pauvre & le riche. Tu introduisis ces titres odieux qui d'un homme font un esclave, de l'autre, un homme corrompu.

VALSIN.

C'est le commerce au contraire qui rétablit cette égalité, puiſqu'il éleve le pauvre à l'état du riche. Ne ſerait-il dangereux que parce qu'il rompt l'égalité ? Que les hommes ſeraient à plaindre, ſi elle ſubſiſtait !

KERMAELI.

Quoi ! vous plaindriez un homme d'être votre égal ? Tout m'étonne chez vous.

VALSIN.

Cette inégalité eſt le fondement des ſociétés.

KERMAELI.

Dites qu'elle les détruit ; qu'elle eſt opoſée à la nature de l'homme ; qu'il n'en eſt pas un qu'elle ne révolte. Mais nous y reviendrons : je ne veux pas perdre de vue notre objet. Croyez-vous que le tout dût être ſacrifié à la patrie ?

VALSIN.

L'intérêt public ne doit jamais céder au particulier.

KERMAELI.

Donc, ſi le commerce nuit a l'intérêt public, on doit le rejetter.

VALSIN.

Rien de plus juſte : rien de plus difficile à prouver.

KERMAELI.

Examinâtes-vous jamais la condition des pauvres ?

VALSIN.

Je n'y ſongeai jamais. Je les oblige, quand je le puis : leurs mœurs, leur eſprit, je ne les connois pas. Je les crois en général rongés de fiel, conſumés par l'envie

vie contre tout ce qui eſt au-deſſus d'eux.

KERMABLI.

L'homme jaloux, l'homme dévoré par l'envie, le croyez-vous heureux?

VALSIN.

Cela eſt très-difficile. Je ne crois pas au bonheur des viperes.

KERMABLI.

De votre aveu, le bonheur n'aprocha jamais de l'envie : le pauvre en eſt conſumé : peut-il être heureux ?

Ce n'eſt pas tout. Il n'eſt qu'un petit nombre de riches. Ceux qui n'ont rien, c'eſt le général de la Nation. Voilà donc le général de la Nation dévoué au malheur, par là même que l'envie le conſume. Vous ne croyez pas que le général dût être ſacrifié au particulier. Si le commerce enrichit, c'eſt l'éfet qu'il produit: s'il n'enrichit pas, il eſt inutile. Que faut-il que j'en penſe?

Qu'il n'eſt pas juſte, ſi c'eſt là l'éfet qu'il produit. Mais cette jalouſie n'eſt pas générale : elle bleſſe tous les droits de la raiſon. Ce que j'ai acquis ſelon la loi peut-il être funeſte à celui qui vit ſous la loi?

KERMAELI.

De quel œil voyez-vous vos ſupérieurs?

VALSIN.

Je les traite avec égards; j'aime les fêtes que j'y partage; je bois leurs vins; j'enleve leurs maîtreſſes, quand je le puis; & ma ſeule envie eſt de les voir plus opulens.

KERMAELI.

Vous n'êtes point Tartare. Moi, j'imagine que les hommes ont également droit d'être heureux, que tout ce qui blesse cette égalité tend à la ruine de la société. Je n'enleve pas la maîtresse d'un homme puissant, mais je le hais de bon cœur, par là même qu'il est puissant, & qu'il ôte l'équilibre.

VALSIN.

Votre équilibre est une chimere. La force physique lui donne le premier échec : les talens, l'industrie, la fortune le font totalement disparaître.

KERMAELI.

Comme il est le but de la volonté générale, c'est à elle à le rétablir : car l'homme, dans la formation des sociétés, a sacrifié sa volonté. Le sacrifice étant égal dans chacun, tous ont également droit au bonheur qui en résulte. Donc ce qui peut affaiblir cette égalité c'est à la volonté générale à le rétablir ; car elle ne peut perdre de ses droits.

VALSIN.

Vous croyez donc qu'il existe un contrat qui lie tous lès individus, & les engage à vivre également heureux? C'est une autre chimere qu'il vous faudra prouver. Tous vos sentimens sont oposés aux miens.

KERMAELI.

Il serait donc de la prudence de convenir de quelques principes, qui nous servissent de points de réunion.

VALSIN.

Oui, il faut convenir de quelque chose ; mais le pourez-vous ? Vous aimez les paradoxes !

KERMAELI.

Vous tenez beaucoup aux opinions de votre patrie. Ce préjugé nuit à votre jugement. Je crois cependant que vous m'avez accordé assez pour ne pas recourir à de nouveaux principes. Souvenez-vous que le commerce n'est pas juste, s'il sacrifie le général au particulier ; qu'on n'est jamais heureux avec l'envie ; qu'elle suit la pauvreté ; que celle-ci accompagne les richesses qu'introduit le commerce. Vous ajoutez que cette jalousie n'est pas générale, qu'elle est contraire à la raison ; que les choses acquises par la loi ne sont jamais contraires à personne. Ceci doit nous mener au dénouement.

VALSIN.

Nous ferions bien de remettre à un autre jour la discussion de ces différens objets. Nous sommes si oposés dans nos principes, qu'à-peine je conçois que nous puissions nous accorder aujourd'hui.

KERMAELI.

Demain, ſi vous êtes libre, nous pourons être d'accord.

DEUXIÉME DIALOGUE.

KERMAELI, VALSIN.

KERMAELI.

SANS examiner ſi le commerce vous enrichit beaucoup ; ſi, par là même qu'il enrichit, il n'eſt pas nuiſible à la ſociété ; permettez-moi de vous demander ſi jamais vous avez ſongé à ce qui pouroit rendre l'homme heureux.

VALSIN.

L'homme heureux & content ! Vous me ramenez encore dans le pays des chimeres. En connûtes-vous jamais de cette eſpece ?

KERMAELI.

Si vous ne connaissez pas ce qui peut faire le bonheur d'un peuple, vous n'ignorez pas sans-doute ce qui le rend malheureux : des désirs trop vastes, & des moyens trop faibles pour les remplir. Ne le pensez-vous pas ?

VALSIN.

Le bonheur vit du désir : mais il faut qu'il puisse y atteindre. Si les tombeaux pouvaient parler, tout ce qui eut la vie s'éléverait pour confirmer cette vérité.

KERMAELI.

Ce qui irrite les désirs est donc funeste à la société ; ce qui les modere traîne avec lui des avantages infinis. Vous voudrez bien vous en souvenir. Encore une question. Que faut-il pour nourir l'homme & le vêtir ?

VALSIN.

Le produit des terres, & ses manufactures. Cela n'est pas fort embarassant.

KERMAELI.

Que vos terres, bien cultivées, soient couvertes de moissons abondantes; que de nombreux troupeaux paissent l'herbe de vos prairies, vous n'avez rien à désirer pour les besoins de la vie.

VALSIN.

Nos récoltes passent souvent notre espérance; de grands troupeaux couvrent nos plaines; bleds, vins, laines; rien ne nous manque du nécessaire. Mais nous sommes bien loin d'être heureux.

KERMAELI.

Je le sais, & j'en connais les causes.

Votre bled, vous l'envoyez à l'Étranger; vous le faites passer dans vos Colonies; vous n'osez toucher à vos meilleurs vins. L'avarice les met entre vos mains comme un dépôt sacré préparé pour vos seuls ennemis.

VALSIN.

Nous en sommes bien dédommagés. Vous seriez étonné de l'or que cela fait rentrer dans le Royaume. C'est par là que nous faisons circuler jusqu'en France les mines fécondes d'un autre hémisphere. Sans cela nous serions pauvres. La France ne produit que du fer, & des métaux aussi vulgaires; point d'or, point d'argent, ou très-peu.

KERMAELI.

Eussiez-vous tout ce qu'en produit le Pérou : dût tout le Mexique verser tous ses trésors dans vos contrées; peut-être en seriez-vous plus pauvres.

VALSIN.

Comment! l'or peut-il apauvrir? N'est-il pas le principe de tout bien? n'est-il pas la richesse par excellence? Si le bonheur consiste à satisfaire ses désirs; un peuple qui a su trouver dans les entrailles de la terre des moyens inépuisables pour les remplir, aura droit de se dire heureux. Sans être épuisé par les fatigues continuelles, il connaîtra le repos & l'aisance. Entre l'indolence & le plaisir, son sceptre d'or écarte les besoins: & le désir, soumis à sa puissance, ne s'aproche que pour le caresser. Voyez l'Espagnol: il a tout, parce qu'il a de l'or; & cela, sans peines, sans travaux. L'or n'apauvrit donc pas. Si nous mangions nos bleds, si nous buvions nos vins; il est clair que nous aurions beaucoup moins d'argent.

KERMAELI.

Cet or, cet argent, le mangerez-vous?

VALSIN.

Nous le renvoyons aux Indes; souvent pas si loin. Mais nous avons trop d'esprit pour le conserver. Nous disons comme vous : Cet or, le mangerons-nous?

KERMAELI.

Qu'en faites-vous donc? Si vous ne le mangez pas, s'il ne vous sert pas de manteau contre les rigueurs du froid, de quoi vous sert-il? Je ne connais que quatre biens dans la vie dont l'homme ne puisse se passer: Manger quand on a faim, boire quand on a soif, dormir quand le sommeil y invite, & n'avoir ni trop chaud ni trop froid. Le reste n'est rien. Quant à la soif, elle n'est pas à craindre; l'eau pure d'un ruisselet va m'en délivrer. Le sommeil encore moins; la terre m'offre toujours un lit. Mais le froid, la faim; voilà les seuls ennemis dangereux pour l'homme. L'or n'apaise point la faim: l'or ne chasse pas le froid. Et lorsque je vois des hommes aſſez aveugles pour ſe défaire des ſeules armes qui puiſſent les protéger contre des ennemis qui jamais n'ont fait de traité, il me ſemble que je vois des enfans prendre des oſſelets pour ſe défendre contre un lion. L'or n'apauvrit pas! Connaiſſez-vous un peuple plus pauvre que l'Eſpagnol? Dans la dépendance de tous ſes voiſins pour les choſes néceſſaires de la vie, privé de toute induſtrie, ſe ſouvenant à-peine des élémens de l'agriculture. Plongés dans la moleſſe, eſclaves des faux plaiſirs auxquels il ſe ſont aſſujettis, pauvres au ſein des richeſſes mêmes; (car le principe de leurs vices peut diſparaître ſans leur rendre leurs vertus) ôtez-leur l'Amérique; quelle terre iront-ils fouiller? Inhabiles aux travaux, uſés par l'oiſiveté & les délices d'une vie mole, comment aprendront-ils à ſouffrir la dure pauvreté? Le plus peſant des métaux a des aîles pour fuir devant la fainéantiſe: elle ne ſait l'arrêter qu'un moment. L'or peut donc apauvrir. Comment vous dédommagerait-il d'une ſubſtance pure dont vous privez pour l'acquérir? Vous ne le gardez pas, dites-vous, parce que vous ſavez comme moi qu'on ne le mange pas. A quel uſage, bon Dieu! l'employez-vous? Du ſucre, du café, du thé, des étoſes des Indes, & autres denrées auſſi utiles méritent-elles que vous vous dépouilliez pour acquérir un ſuperflu qui vous prive du néceſſaire? Ces choſes sont-elles fort eſſentielles à la vie? Faudroit-il ceſſer d'être, ſans elles?

VALSIN.

On pourait, à la rigueur, vivre avec du gland. Bornerez-vous l'homme à cette nouriture, pour lui faire un bonheur complet?

KERMAELI.

Pourquoi pas, ſi ces facultés moins délicates pouvaient s'aprivoiſer avec cet aliment groſſier, & qu'il fût aſſez abondant pour les nourir tous.

VALSIN.

J'aime encore mieux être condamné à vivre de ſucre & de chocolat. Vous voulez nous réduire à la condition des animaux.

KERMAELI.

Pourquoi pas, ſi cela peut nous rendre heureux. Otez l'homme de la Terre; les animaux vivraient dans un état moins digne de pitié & de votre mépris. Vos facultés & les leurs ſont les mêmes : vous dormez comme eux; vous mangez & digérez comme eux; les mêmes ſoins paraiſſent les agiter; vous leur reſſemblez dans les choſes les plus eſſentielles; vous recevez la vie, vous la donnez comme ils la reçoivent, comme ils la donnent; vous la perdez de-même: il en eſt dont les organes ſont même conformes aux vôtres. Je ne vois pas qu'il y ait de la honte à ſe nourir à leur maniere, ſi cette maniere pouvait rendre le genre-humain aussi heureux qu'il est éloigné de l'être.

Ne craignez rien toutefois ; puisque vous avez quitté les forêts, je ne vous y enverrai pas : je vous permets encore l'usage du sucre & du chocolat. Mais permettez-moi de vous dire que le bled me paraît plus essentiel ; que cet échange est une des choses les plus nuisibles à l'état ; que jamais le commerce n'y porta des atteintes si funestes qu'en y introduisant de nouveaux besoins qui, pour être satisfaits, exigent l'exportation de la substance unique dont le peuple puisse jouir.

VALSIN.

Il doit en jouir, & il en jouit en éfet ; on n'expose que le superflu.

KERMAELI.

Il fallait le laisser sans l'échanger contre un

un autre moins utile. Superflu pour superflu, j'aime encore mieux celui de bleds. L'indigestion n'est pas si à craindre qu'une extrême diete. Le spectacle d'un peuple bien rassasié me ravit plus que celui d'un peuple affamé. J'aime mieux que dans son abondance il néglige un reste d'aliment, que s'il ne touchait qu'à regret un bien qu'il prévoit devoir lui échaper. Poussé & retenu par la faim, le pauvre peuple jette des yeux avides & tremblans sur son nécessaire : il craint toujours de manquer; ce sentiment empoisonne jusqu'au plaisir que donne un vif appétit; jamais il n'est dédommagé de ses peines; la terre qu'il fertilise reçoit ses sueurs; le pain qui rétablit ses forces est arrosé de ses larmes. On reçoit assez pour maxime, *rien de trop :* ici je voudrais le contraire. Cet excès n'est point dangereux; & dussent quelques magasins se gâter pour n'être pas consommés à temps, cette perte est bien plus douce à suporter que la perte des grains enfouis par le monopole. Peuples barbares ! Comment conſervez-vous des hommes qui enterrent, des années entieres, la ſubſiſtance de pluſieurs milliers de Citoyens ? Quoi ! les cris aigus que la faim arrache à ſes victimes ne peuvent les émouvoir ? Qu'eſt-ce donc qui peut les endurcir ? Fatale ſoif de l'or, je n'en accuſe que toi ! Je me trompe : l'or n'eſt rien par lui-même : l'homme porte ſon vautour avec lui ; ſes déſirs embraſſent les deux mondes ; dédaigneux des productions vulgaires de la terre, qui l'a vu naître, il eſt malheureux ſi ſa table n'eſt chargée de celles des autres climats ; ſi la toiſon de ſes brebis n'eſt remplacée par le duvet que produit l'inſecte de la Chine. Il faut donc traverſer les mers braver les tempêtes, & confier à l'océan les dépouilles des pays lointains, qu'on n'a pu obtenir qu'en leur portant ce que la Terre n'avait produit que pour ſes enfans : ce qu'il en reſte augmente de prix, enſorte qu'un pere de famille regrette les momens où il a mis au jour les triſtes fruits de son amour : les meres détestent leur fécondité ; elles ne veulent pas peupler pour la misere : ce qui devrait faire le bien général en fait le malheur : chaque famille craint de s'étendre ; & l'État, vuide de citoyens agiles & robustes, ne porte que des spectres, enfans du luxe & de la misere. Voilà quelques avantages du commerce. Sachez, Monsieur, qu'on n'apaise pas la faim avec du sucre.

VALSIN.

Vous vous trompez dans vos imputations.

KERMARLI.

Vous me le prouverez tout à l'heure. Il faut à-présent que je fasse la longue énumération des maux qui suivent ce funeste échange, ce mélange des Nations les unes avec les autres. Puisse ce tableau être utile à vos Concitoyens. Si les partisans du luxe ne m'aplaudissent pas, du moins que les ames ſenſibles ſe diſent : cependant, ſi nous voulions, nous ſerions tous heureux. Notre terre eſt aſſez abondante pour nourrir ſes enfans ; nous pouvons augmenter nos troupeaux, reſſource immenſe pour nos manufactures, nos travaux, & notre nouriture. Périſſe le luxe. Soit à jamais en exécration celui qui peut en être le défenſeur. Voilà l'ennemi public. Pour le ſoutenir, ce luxe, que faites-vous ? Avez-vous examiné ſa marche, ſes procédés, ſes ſuites, & cet enchaînement rapide qui jette toutes les claſſes hors de leur ſphere ?

Je vois un point de lumiere qui brille ſur la ſurface de la Terre : ſupoſez qu'il s'éleve, qu'il acquiere par degrés toutes les dimenſions dont l'étendue eſt ſuſceptible ; que de ſa ſurface ſupérieure ſortent, ſi vous le voulez, des torrens de lumiere ; ſi ſa ſurface inférieure eſt opaque, le Monde eſt plongé dans l'ombre ; la ſource de la clarté eſt devenue la cauſe même de l'obſcurité ; voilà le luxe. Ce qui promettait la richeſſe dans ſon origine ne donne par son dévelopement que la pauvreté : c'eſt un coloſſe immenſe qui s'éleve juſqu'aux cieux ; il eſt l'ornement de la terre qui le porte avec orgueil ; les pieds ſe briſent ſous la maſſe monſtrueuſe ; l'ornement de la Terre n'en eſt plus que le fléau ; ſes vaſtes ruines enſéveliſſent ſous l'empire de la mort tout ce qui ſemblait n'avoir reçu la vie que pour l'admirer : voilà votre luxe ; il éblouit, il étonne, il frape le vulgaire imprudent, bientôt il le dévore.

VALSIN.

Donner ponr raiſons des images ſpécieuſes, c'eſt vouloir ſoulever votre coloſſe avec l'ombre d'un levier. Le luxe eſt le pere de l'infortune, vous l'avez dit. Le commerce engendre le luxe ; vous l'avez dit : prouvez

KERMAELI.

Cette filiation n'eſt pas difficile à trouver.

Heureusement ce n'est point le nœud gordien qui se cache sous mille plis tortueux. Nouvel Alexandre, je ne le couperai point; je veux le délier.

Qu'est-ce que le luxe ?

VALSIN.

Cela ne fait point de difficulté.

KERMAELI.

Soit absolu, soit relatif, de particulier, ou d'état; le luxe qui excede ses facultés d'acquisition est donc toujours dangereux : que dis-je! Il traîne après lui toutes les infortunes. J'ai prouvé.

VALSIN.

Vous avez mal saisi mon idée. Lorsque j'assure que le luxe n'est point nuisible, je ne parle pas de celui qui est absolu, de celui-là même qui s'épuise pour se satisfaire.

KERMAELI.

Je n'en connais point d'autre. Obligez-moi de m'en inſtruire.

VALSIN.

Celui-là même qui eſt l'éfet de notre induſtrie, qui la nourit à ſon tour, & qu'elle fomente, qui s'accroît, périt avec elle, qui la dévelọppe ou l'anéantit, s'il regne ou s'il tombe; ce luxe relatif aux forces des particuliers, à celles des États, qui ne les excede jamais, qui eſt le produit, le réſultat de ces mêmes facultés; qui en recevant le mouvement le donne à tout. Ce luxe qui rend tout ce qu'on lui prête, peut-il être dangereux?

KERMAELI.

Je ne le connais point, vous dis-je.

VALSAN.

Si la Suisse voulait, au milieu de ses montagnes, étaler la magnificence de Paris; tempérer les rigueurs de ses glaces par les délices de la France ; entretenir des centaines de spectacles par jour ; nourir une foule d'histrions, dont le dernier éfaçât leur premier Bourgmestre en splendeur ; si leurs femmes relevaient leurs robustes apas par toute cette foule immense de goûts, enfans du caprice & de la nouveauté ; si le canton de Berne, le plus aparent & le & le plus riche de tous, formait sa Cour sur celle de Versailles ; je l'avoue, il y aurait un luxe qui, absorbant tout le beurre, tous les fromages du pays, pourait devenir dangereux, & la terre inculte redemanderait vainement le bœuf qui doit la cultiver. Échangé pour quelques chifons maniérés ; il serait enlevé au sol qu'il devait fertiliser, pour faire gémir orgueilleusement la table ou d'un sous-traitant, ou d'un abbé libertin. Un tel luxe serait ruineux; il traîne après lui toutes les horreurs de la misere : fidele compagne, la faim le suit partout; il marche précédé du plaisir; l'abondance lui sourit; les jeux le traînent voluptueusement sur un char doré : mais le désespoir le précipite; l'*essieu crie*, & le luxe endormi tombe déchiré, sanglant, divisé; rien de lui ne reste que des lambeaux dont la fange a souillé la magnificence. Tombent ainsi tous les états qui surpassent leurs forces. Ce luxe, je vous l'abandonne : mais il en est un autre qui donne la vie, loin de l'ôter : le voici. L'industrie vous l'amene; c'est lui qui met en mouvement tout ce peuple que vous voyez se presser sur nos ports; il jette un pont sur l'Océan; l'Amérique & l'Inde, frapées d'admiration, se dépouillent à sa voix; Monarque du Monde, il en transporte les richesses partout où il lui plaît; l'Océan reçoit des villes dans son sein; Venise sort du milieu des ondes; créateur d'un nouvel Univers, il donne au sable la transparence d'un ruisseau limpide ; le sauvage étonné se voit où il n'est point ; l'or des maisons brille où le chêne n'offrait que son fruit insipide ; la terre, étouffée sous un marais fangeux, reprendra sa fécondité. A sa voix, s'élevent ces hardis boulevards qui protégent les peuples qu'il nourit. Ces globes embrasés annoncent sa puissance au milieu des airs ; les entrailles de la terre s'ouvrent ; ses prodiges éclatent, & dévorent l'audacieux qui venoit troubler ses plaisirs. Les arts, si féconds en prodiges, meurent où il n'est pas ; les arts, qui prêtent leurs aîles sublimes à l'homme, l'élevent jusqu'aux cieux : & laissant ramper le vulgaire des hommes parmi les brutes, placent un être de poussiere dans le sein de la Divinité même.

KERMAELI.

Ah ! Monsieur, je ne vous demande que du pain : je ne veux pas être un Dieu. De grace, que je ne meure point de faim. Je renonce à l'apothéose. Voilà le cri de l'Europe, Monſieur : que lui répondrez-vous ?

VALSIN.

Que le luxe bien entendu ne produit point la faim ; ou qu'elle eſt inévitable. Soyez dans les forêts, diſputez aux bêtes féroces les alimens arrachés à la ſtérile nature ; aportez votre nudité aux aiguilles de l'aquilon : que la liberté, l'indépendance, & le gland vous tiennent lieu de tout : au-lieu de ces lambris dorés qui vous renfermaient parmi les ſoins rongeurs, & qui ne ſont aux yeux de quelques cyniques autres que des priſons pompeuſes : n'ayez pour logement que la voûte des cieux, les aſtres pour flambeaux, votre volonté pour monarque, la pauvreté pour cimenter votre opulence dans ce royaume de la belle nature : vous voilà roi ; vous n'avez de contradictions à eſſuyer que de vous-même. L'ours groſſier reſpectera la nobleſſe que le ſceau du Créateur a imprimée ſur le front de l'homme; libre ſans indépendance, eſclave ſans frein, pauvre au milieu de toutes les richeſſes, riche ſans rien poſſéder, vous vous croyez ſatisfait, content, heureux à-l'abri du luxe, pere des infortunes; vous imaginez n'avoir rien à redouter de ſa part : il vous ſuit encore; ce fantôme va vous pourſuivre dans vos déſerts : & dans la foule des lions, des tigres, & des ours, c'eſt vous qu'il va prendre pour victime.

KERMAELI.

Vous devez être bien ſatisfait de vous-même. Ce paradoxe vaut tous les miens : Sans pauvreté, ſans richeſſes ! jouiſſant de tout & ne poſſédant rien ! loin du luxe, & toutefois en être la victime ! Vous m'étonnez.

VALSIN.

Rien cependant de plus vrai. Cela vous paraît inconcevable; vous ne m'en croyez pas ! Mais j'ai des garants incorruptibles qui vous attesteront cette vérité.

KERMAELI.

Je cherche en-vain ; la Nature & la raison sont muettes pour moi : le Ciel lui-même ne pourait me déveloper cette énigme.

VALSIN.

Un simple arbuste rampant sur la terre va dissiper cette obscurité. Les ronces déchirent-elles ?

KERMAELI.

Oui, sans-doute, la question est importante,

VALSIN.

Que penserez-vous donc des épines, des pierres aiguës ? cela peut-il déchirer le pied de l'homme sauvage ?

KERMAELI.

Cela ne prouve pas beaucoup.

VALSIN.

Les épines, les ronces, les pierres aiguës, voilà cependant tous mes garants. Cela ne prouve pas! vous croyez au-moins qu'il ſoit permis de s'armer de ſabots pour vaincre de tels ennemis. Ce faible éfort de l'induſtrie humaine ſerait-il un crime? le prétendez-vous? Il faut alors étoufer ce ſentiment qui vous crie de veiller à votre conſervation; & on ne peut plus dès-lors vous compter dans aucune claſſe d'êtres ſenſibles; vous n'êtes plus un homme; vous n'êtes pas même au rang des animaux; le marbre eſt votre eſſence. Admettez-vous qu'il ſoit permis d'inventer un ſabot pour vaincre le ſentiment de la douleur? voilà le luxe néceſſaire. Ce premier éfort de l'induſtrie humaine fait naître tous les autres. Du ſabot au canon l'intervalle vous paraît grand: toutefois il eſt moindre que le premier. Quand on s'eſt cuiraſſé le pied, on trouve bien vîte les moyens de cuiraſſer ſon corps. Le lion reconnaît un roi ; ſa dépouille devient un tribut néceſſaire. Il n'eſt déja plus néceſſaire d'égorger le paiſible agneau ; ſa tonte va fournir à l'induſtrie naiſſante : les manufactures s'ourdiſſent ; & l'homme franchit les mers. Si le premier beſoin ne fut pas un crime, ce n'en fut pas un de le ſatisfaire. Ceux qui en ſont les ſuites ſont auſſi innocens. S'il m'eſt permis de porter un ſabot, pourquoi mes jambes ſeraient-elles condamnées à la privation ? pourquoi mon corps reſterait-il expoſé aux injures de l'air ? Eſt-il donc plus honteux de les braver ſous une chaumiere que ſous un feuillage toufu ? & ſi l'élégance vient ſe joindre au ſimple néceſſaire, comment rendra-t-elle injuſte ce qui de ſa nature n'eſt pas illégitime ? Quoi donc ! le marbre avilirait-il ? Eſt-ce un crime pour la Divinité de loger dans un temple ? Les loix éternelles ſeront violées, ſi par un prestige enchanteur j'embellis la Nature; si aux ruines je fais succéder des palais, des villes! Créer ainsi, n'est-ce pas l'imiter, loin de la dégrader? Il est si vrai que le luxe est une chose nécessaire, inséparable de la condition des hommes, qu'un grand-homme, digne d'être né Tartare, tant ses sentimens sont conformes aux vôtres, condamne à être pendu le téméraire qui le premier osât porter un sabot. Il avait raison, s'il imaginait que nous fussions nés uniquement pour les bois: car cette invention fut la mere de toutes les autres. D'où je conclus que le luxe est indispensable, ou que le genre-humain ne sortit des mains du Créateur que pour être livré à la faim. Si le commerce le facilite & le nourit; que devez-vous donc en penser? Vous voyez au-moins que le luxe a précédé, qu'il est aussi ancien que l'institution des sociétés; il ne lui doit donc pas sa naissance, comme vous l'avez avancé? Puisque le luxe naît avec les sociétés; que peut-être il les

précede

précede; qu'il eſt indiſpenſable de ſa nature; il eſt donc au-moins indifférent au bonheur & au malheur. Non que ce ſoit là mon ſentiment : (car je ſuis intimement perſuadé de ſon influence ſur la proſpérité des Nations & de chaque individu; puiſqu'il nous accompagne même ſous le chêne qui nous repaît) il eſt au-moins indifférent au malheur. C'eſt un inſtrument dont l'abus peut être dangereux, mais eſſentiel pour le bonheur. Convenez donc, ſi l'homme eſt dévoué aux malheurs, qu'il doit l'imputer à d'autres vices; que la dépopulation ne le ſuit que par accident; qu'on ne doit pas lui imputer les vices qui anéantiſſent l'Eſpagne; qu'étant eſſentiel au commerce, il devient néceſſaire, dès qu'il contribue à l'équilibre des Puiſſances; que l'égalité ne peut exiſter dans les ſociétés, puiſque le luxe, fruit de l'induſtrie, doit la détruire à chaque inſtant; que, loin de ſupléer les véritables richeſſes par de factices, il en ajoute de très réelles; que les peuples iſolés, privés des ſecours des autres, feraient comme un fleuve qui tout-à-coup ſe verrait privé du tribut de mille petits ruiſſeaux ; que la communication eſt donc néceſſaire ; que donner pour crime le ſeul moyen qui la facilite eſt un paradoxe injuſte, pernicieux au genre-humain, & capable de détruire le germe du bonheur qui commence à paraître. Convenez auſſi que les Nations qui ont vu & pratiqué ces grandes vérités ne ſont point des barbares ; que l'on peut les en croire auſſi bien que le Samoyede ; & qu'un Tartare venu de Samarcande peut, ſans ſe deshonorer, admirer les chefs-d'œuvre des Nations policées, & voir autre choſe que notre miſere, nos beſoins & ſa ſotiſe.

KERMAELI.

Il eſt bon quelquefois de s'entendre. Si vous apellez luxe l'emploi, l'uſage des choſes néceſſaires, telles cependant que la Nature ne nous avoit pas données (car, au ſortir de ſes mains, nous étions nuds, munis de facultés engourdies, plus semblables aux plantes qu'à un être de vie) ; si, dis-je, vous regardez comme luxe ce qui est dû au dévelopement de ces facultés, il faudra bien en convenir, porter un sabot, se couvrir de peaux, même de feuilles, sera un luxe nécessaire, inhérent à notre nature avant toute société. Vu de ce côté, le luxe n'est assurément pas dangereux. Mais, qu'il y a loin de ce sabot au canon, de ce gland à vos festins, de cette égalité primitive à cette prodigieuse différence qui se trouve entre un homme & un homme ; de ce misérable, vil objet de mépris pour le grand qui le voit ramper & mandier son pain, à ce grand qui, asservissant le faste à son orgueil, semble d'un coup d'œil porter la vie ou la mort dans le sein de ses esclaves ! Et voilà le crime du luxe ! voilà ce que jamais vous ne pourez justifier ! C'est lui qui fait qu'on ne juge plus un homme par ce qu'il est, mais par ce qui l'entoure. Cet homme, l'objet de tes acclamations, peuple grossier, ce n'est pas lui que tu vois, que tu admires, que tu éleves aux cieux ; non, ce n'est pas lui : tu le confonds avec ses chevaux, ses livrées, ses équipages, sa parure: de vieux parchemins, victimes des rats, du temps & de l'orgueil, le placent dans ton esprit au rang des dieux du ciel; & ta main, dupe de ton cœur & de ton esprit, éleve des autels au mortel insolent, qui, dépouillé de son faste & livré à lui-même, deviendrait l'objet de tes dédains.

Ce qui peut ainsi dégrader le cœur de l'homme, corrompre son esprit, dépraver son goût pour la vertu, l'afriander au vice, l'accoutumer à ne plus voir l'homme en lui-même, ne l'estimer que par ce qu'il n'est pas ; ce qui déforme ainsi son caractere primitif peut-il être un avantage? & le luxe ne change-t-il pas l'homme au point qu'il n'est que l'ombre de ce qu'il doit être?

N'est-ce pas là l'éfet du luxe? & ces crimes sont-ils à vos yeux aussi légers que celui d'avoir cherché à se parer des ronces & des épines ? Vous prétendez qu'ils en sont les suites ; que si l'un fut innocent, l'autre doit être de même nature; qu'un palais superbe est le fruit de notre industrie, ainsi que l'humble chaumiere; que la main qui éleva ces édifices somptueux fut la même qui couvrit de chaume quelques soliveaux croisés ; que l'industrie étant progressive , & proportionnelle aux découvertes , les besoins qu'elle introduit sont légitimes. Vous ne conviendrez pas , sans-doute , que les moyens de les satisfaire soient indifférens. Il serait affreux que le pistolet mît un riche au tombeau, un assassin au milieu de ses richesses. Voilà cependant ce qui devrait arriver, s'il était vrai qu'une chose fût légitime parce qu'elle est due au dévelopement des connaissances humaines. Si vos ronces sont mes précepteurs , vous voyez que mon pistolet peut aussi donner de bonnes leçons. Concluez donc que le luxe qui conduirait l'homme à cette perfection de l'induſtrie ſerait bien funeſte aux États & aux individus. Or, d'où croyez-vous que proviennent les aſſaſſins ? On dit que la Terre enfanta des monſtres ; le luxe en produiſit davantage. L'avarice inſatiable, la cupidité, l'injuſtice, les vexations, les rapines, les fraudes, la fauſſe magnificence traînent de tous temps la faim à leur ſuite ; le deſeſpoir ſuit de bien près. Le miſérable commence par être humble ; il finit par être meurtrier. Mépriſé, avili aux yeux des autres, la honte, l'honneur n'ont plus de frein qui le retienne. La honte ! il en eſt accablé, il eſt pauvre. L'honneur ! il n'oſe y prétendre, il eſt pauvre. Comment croit-il ſe délivrer de ce joug ? Les échafauds où vont expirer les victimes du luxe ne le diſent-ils pas ? Et vos guerres ! combien n'en devez-vous pas imputer au luxe ? Celles qui dépeuplent l'Amérique & l'Inde ſont une ſource intariſſable de meurtres. Vingt millions d'hommes égorgés pour donner de l'or à l'Eſpagnol !

Bon-Dieu ! qui ne frémirait d'horreur ? Si la mer vomiſſait tous ceux qu'elle a engloutis, partiſans, miniſtres infortunés du luxe, la contagion infecterait des royaumes entiers. Et le luxe n'eſt rien ! Quoi ! la Terre trempée de ſang ; l'Océan rougi pour ſa cauſe, ſont des événemens qui devaient exiſter parce qu'il y eut un homme qui inventa les ſabots ? Si cela eſt, jamais plus petite cauſe ne produiſit éfet ſi grand & ſi funeſte. Comment ! l'induſtrie ne pouvait s'arrêter là ; & cette invention chaſſa l'homme des bois pour peupler la Terre & la couvrir de meurtres ! Auriez-vous dit vrai ? l'homme était-il condamné à mourir de faim ? ou le luxe était-il néceſſaire ? Voilà de dures extrémités. Il me ſemble qu'il exiſte un autre luxe, qui ne vient, ni ne dépend de celui-là : & c'eſt ce dernier qui abſorbe le genre-humain ; c'eſt lui qui fait éclore mille paſſions ennemies du bonheur ; qui rend chaque être, chaque claſſe de Citoyens, mécontens de leurs états ; qui rend insipide la possession des grands biens, si l'on n'en accumule de plus grands ; qui ne fait vivre que de l'avenir ; qui, sur les aîles de l'espérance, s'élance loin du présent, pour ne songer qu'à l'incertain.

Je vis il y a quelques jours un honnête fermier qui me dit qu'il était le plus heureux des hommes. J'ai quatre enfans, Dieu merci : les voilà tous plus grands seigneurs que leur pere. Imaginez-vous, Monsieur, me disait ce bon homme, quelle doit être ma joie. Je suis un pauvre laboureur qui ai eu bien de la peine, il faut en convenir. Hé bien, à l'aide de Dieu, j'ai fait un fils qui vient de dire sa premiere messe. Vous le verrez. J'en ai fait un autre : oh! celui-là, quel homme savant! Il jugerait le Roi : il est avocat. Mon troisiéme est un des bons médecins qui soient au monde, estimé généralement, quoique des méchans le traitent d'assassin. Mon quatriéme est vif, malin, querelleur : je l'ai fait officier. C'est que cela me donne un plaisir ſi grand ! . . . Il eſt vrai que cela m'a ruiné. De quatre charues, je n'en ai plus qu'une. Mais vous dînerez avec nos enfans : ils ſont ici. Vous verrez s'il eſt un homme plus heureux ſur la terre.

J'acceptai la propoſition de ce bon vieillard. Ses enfans arrivent. Quelle fut ma ſurpriſe ! Ils paraiſſaient honteux d'avoir un pere dont le ſeul défaut fut d'avoir de pareils enfans. Le prêtre ne lui parlait qu'en prophête : l'avocat ſemblait le juger : le médecin le traitait comme un malade : & le militaire croyait être au ſac d'une ville ennemie. Je ſortis indigné de cette ingratitude, gémiſſant de la ſotiſe de ce bon pere, qui m'aſſura que dans toute la province c'était l'ambition de tous les parens d'avoir des prêtres, des médecins, des avocats ou des officiers. Cependant le bruit ſe répandit que j'allais à Paris. Vingt jeunes-gens des mieux faits vinrent me demander l'honneur d'être à mon ſervice. Je les aſſurai que leur état était cent fois plus honorable ; qu'un laquais était livré aux caprices de ſon maître ſouvent plus dur que le rocher qui réſiſte au choc de la charue. Tous me répondaient que c'était le moyen de faire fortune : on citait des exemples. Et je répondis par cet apophthegme : Aprenez à être pauvres, & ſoyez libres. Je me ferais conſcience de vous avilir.

Il y a trois jours que mon tailleur me demanda ma protection pour ſon fils, qui aprenait à écrire. Il me nomma vingt perſonnes de la lie du peuple qui avec ce ſeul talent jouiſſaient d'une fortune immenſe, & d'une conſidération ! ... Ne ſait-il pas faire un habit, lui dis-je ? Non, reprit-il. Je veux qu'il ſoit quelque choſe dans le monde, qu'il ne ſoit pas comme ſon pere. Hé bien, repondis-je, qu'il ſoit bon & honnête. Cette ambition eſt noble & belle : elle peut lui réuſſir. Mon tailleur me rit au nez, & me quitta.

Il y a deux jours que je paſſai chez mon marchand ; je fus fort étonné de voir ſa boutique fermée : je frape & je demandai du drap. Un grand laquais me répondit, avec dédain, que ſon maître venait de ſe faire annoblir, & que le commerce était incompatible avec l'honneur de ſon état. Je hauſſai les épaules & je m'en-fus. Je rencontrai un abbé de ma connaiſſance, qui me dit qu'il était deſeſpéré ; que M. l'Évêque de *** lui ayant promis un riche bénéfice, lui avait donné une miſere de trois mille francs ; qu'il était d'autant plus à plaindre, qu'il ne pourait enlever la petite De *** au Comte de ***, ce qui le deſeſpérait. Je le quittais à-peine, qu'un homme extrêmement riche m'accoſta, en m'aprenant qu'il était l'homme le plus heureux de France. Auriez-vous, lui dis-je, gagné le gros-lot ? Non. Un de vos vaiſſeaux eſt arrivé avec ſa cargaiſon ? Ce n'eſt pas cela. Quelqu'un de vos amis eſt échapé à la mort ? Vous n'y êtes pas. Vous avez donc chaſſé avec le Roi ? Non : mais j'épouſe Mlle de ***. Sans-doute elle eſt charmante ? Laide à faire peur. Riche ? Elle n'a pas le ſol. Elle aura, je le vois, des talens ſupérieurs, un eſprit fin . . .? Ni talens, ni eſprit. Quel bonheur eſt donc le vôtre? Comment, Monſieur, ignorez-vous qu'elle tient, par ſa naiſſance, à ce qu'il y a de mieux? Son pere eſt noble comme le Roi. En 906 ſes aïeux poſſédaient déja les plus grandes charges du Royaume. Ce n'eſt qu'honneur dans cette maiſon. Adieu, félicitez-moi : je cours tranſiger. De ſimple commis que j'étais monter à ce point de ſplendeur! l'eût-on jamais cru dans mon village? A-peine rentrais-je chez moi, que mon domeſtique, paré plus que de coutume, vint me trouver & me demander la permiſſion de ſe marier. Comme il n'était pas riche, j'étais ſûr qu'il n'épouſait pas une fille noble. Mais, quelle fut ma ſurpriſe, lorſqu'il me fit part de ſon bonheur! Savez-vous, Monſieur, que la femme que j'épouſe eſt un parti qui va m'illuſtrer? Elle eſt fille d'un bon bourgeois. Comment! elle a refuſé dix marchands comme il faut, parce que ſon pere la deſtinait à quelque choſe de mieux : cependant elle veut bien ſe conjoindre à moi. Il eſt vrai qu'elle eſt déja un-peu vieille, & qu'elle n'a plus de bien. Son pere, dans l'eſpérance de la marier, a prêté tout ſon *avoir* à un officier Gaſcon qui la recherchait, & qui s'eſt ruiné avec une actrice, en attendant conſommation. L'épée & la débauche ont tué ſon prétendu. Son pere eſt mort de la gravelle ; & je ſuis tout fier de la préférence qu'on me donne, puiſque je ſervirai de pere & de mari ; quoiqu'à dire vrai, je ſuis ſi jeune, que je pourrais paſſer pour ſon fils. Comme c'était un garçon fort ſage, je lui fis enviſager ſa ſotiſe ſous toutes les faces. Ne vois-tu pas, lui dis-je, qu'épouſer une telle femme, c'eſt épouſer un ſépulcre ? — Oh ! Monſieur, je refuſerais un parti d'officier ! — Mais elle n'a rien ; elle mangera le peu que tu as ; il ne te reſtera d'elle que le dégoût, & ſa virginité preſque ſexagénaire. — Mais, Monſieur, vous n'y ſongez pas ; la fille d'un bon bourgeois ! la prétendue d'un officier ! puis-je avoir plus d'honneur ? Je criai en-vain ; je ne pus obtenir que ces mots : Un parti d'officier ! la fille d'un bourgeois ! Tant la vanité & l'amour lui avaient tourné la cervelle !

Je ſortais. Je fus arrêté par une foule de malheureux qui reſſemblaient plutôt à des ſpectres qu'à des hommes. Tous criaient la faim. Mes entrailles s'émurent : je les ſoulageai comme je le pus. Et craignant toutefois que l'oiſiveté ne les rendît indignes de mes ſecours, je leur fis de vifs reproches ſur ce qu'ils ne travaillaient pas. Je leur expoſai que c'était la deſtinée de l'homme, & que la vie nous était donnée pour agir, & non pour fainéantiſer.

Ah ! Monſieur, reprit un vieillard tout ému, procurez-nous de l'ouvrage ; mes bras énervés, moins par l'âge que par la diſette, vont retrouver leur premiere vigueur. — Hé quoi ! n'avez-vous donc pas d'ouvrage ? Dans une ville auſſi immenſe comment ne trouvez-vous pas à vous occuper ?

Nous y sommes arrivés depuis huit jours: nous avons fait cent lieues pour venir travailler ; & nos mains sont oisives malgré notre bonne volonté.

Pourquoi ne pas rester chez vous ? La terre se refuse-t-elle à vos vœux ? a-t-elle trop de bras pour la cultiver ?

Ce n'est point la terre qui manque aux hommes, mais l'homme à la terre. J'ai cultivé cinquante ans mes propres champs. Les impôts, les tailles, les vingtiémes, la capitation, les aides, les gabelles ont commencé ma ruine : la grêle, les maladies & la perte des bestiaux l'ont achevée. Depuis ce temps-là je ne vis plus, je meurs de chagrin : & sans vous, la disette allait finir mes maux, & mes espérances, qui tant de fois m'ont trompé.

Je vous pardonne de ne point travailler, vieux & cassé comme vous l'êtes, pauvre homme ! mais tous ces jeunes-gens faits pour être robustes, pourquoi quitter la terre, qui demande leurs soins ?

La nécessité, & l'insuffisance du salaire. On nous donne 8 sols par jour. Il y a cinquante-deux dimanches, plus de trente fêtes; l'hiver on n'a rien à faire; une femme malade la moitié du temps; des enfans à nourir; des impôts à payer; il faut se vêtir, se chauffer : & tout cela avec 8 sols par jour! Si vous en déduisez les jours que l'on fête, vous trouverez qu'il faut mourir de faim, ou chercher de l'ouvrage hors des provinces. C'est avec ces faibles moyens qu'il nous faut pourvoir l'état de soldats, de citoyens & d'argent : & nous sommes encore assez aveugles pour donner le jour à des malheureux! Il faut traîner sa vie dans la misere, dans les larmes, & user sa vieillesse dans une Capitale, ou mourir de faim. Car ce n'est qu'à Paris que l'on paie les ouvriers. C'est dans ce gouffre que viennent se perdre nos bleds & nos denrées. Ce qui nous en reste nous est vendu à poids d'or. Chaque semaine voit hausser le prix du pain, & diminuer la main-d'œuvre. A-

peine

peine achevait-il ces mots, qu'on les enleva, comme mandians, sans pitié, sans égard à leurs cris, on les entassa dans une prison, où le desespoir fit ce qu'aurait fait la faim.

Si dans ces événemens vous ne reconnaissez pas le luxe; si vous ne convenez point des maux dont il est la cause, tout devient incertain pour moi; la vérité n'a plus ses caracteres. C'est le luxe qui engloutit les productions des Provinces: tout abonde à Paris; rien n'en reflue dans les Campagnes. Pour lui elles s'épuisen d'habitans; le reste n'ayant plus la force de cultiver, languit, pauvre, aceablé de miseres & d'infirmités.

Comment, en-éfet, nourir une famille avec 8 s. par jour, & perdre ce faible produit, le tiers de l'année, soit par des fêtes, des corvées, des maladies & des impôts. Il faut donc recourir à la Capitale: on s'y presse, on s'y foule; & le luxe y nourit ses partisans d'orgueil, de vanité, plus encore que de la ſubſiſtance du laboureur oprimé.

On pourait comparer votre royaume à un monſtre qui aurait une tête énorme, avec des pieds frêles. Si cette tête garde le ſuc de tous les alimens deſtinés à entretenir la vigueur & la ſoupleſſe dans ſes membres, il eſt évident que ce ſera de tous les objets le plus hideux & le plus fragile. Que penſez-vous que devienne cette tête! Le luxe a gangréné tous les corps de l'état : tous les eſprits en ſont imbus : ce poiſon a circulé dans les plus petits vaiſſeaux : perſonne n'eſt plus ſatisfait de la condition de ſes peres : tous veulent s'élever, tous veulent paraître. Il faut être quelque choſe : voilà le cri général. Vous ſerez la proie du luxe, de la vanité, de l'infortune : voilà le mien. A voir tous les individus, toutes les claſſes ſe heurter, s'échafauder; je crois voir des pygmées vouloir eſcalader le Ciel. De ce faux préjugé, de ce mal imaginaire, il en réſulte la plus cruelle calamité : c'eſt que tout eſt donné à l'aparence; on ceſſe d'exister, on est dans le néant si l'on n'est riche : il faut l'être à tout prix. On ne consulte plus sur les moyens : ils sont justes, si le succès les accompagne : l'intrigue devient l'unique ressort; elle tend tous les esprits ; la vertu la bonne foi sont comptées pour rien, pourvu qu'on paraisse les avoir. Tous se tromperont, en parlant de l'honneur & de la délicatesse : on n'en veut plus souffrir que l'ombre, la réalité blesse : l'essentiel, c'est l'argent ; la probité reste avec le desespoir. Si ce n'est pas là votre portrait, je veux cesser d'être Tartare.

Il est donc évident que le luxe, agitant les passions, est comme un vent furieux qui bouleverse les mers, en confondant tout. Comme il met tous les esprits en fermentation, qu'il devient la base du bonheur dans l'opinion des hommes ; tout ce qui résultera de cet éfet doit lui être imputé. La premiere maxime qu'il grave dans tous les cœurs, c'est qu'il faut être riche, ou le paraître : source intarissable de fourberies, de crimes, de peines & de tourmens. C'eſt le regne de la baſſeſſe alliée à l'intrigue, à la ſoupleſſe, & aux paſſions qui les ſuivent.

La ſeconde maxime fondée ſur la premiere, c'eſt qu'on ne peut trop avoir. Ceci eſt vrai de tous les temps. Dans les beaux ſiécles de Rome & d'Athenes, le gouvernement ſachant inſpirer le patriotiſme, l'honneur & la vertu étant les colonnes de l'état, on tenait qu'on ne pouvait trop en avoir. Lorſque vos Chevaliers ſe furent perſuadés qu'il était beau de mourir pour ſa Dame & ſon Roi; ce ſentiment fut pouſſé à l'excès : & l'on répétait dans tous les cercles, Courage & loyauté ſont l'ame de tout preux Chevalier : (car je me ſouviens d'avoir vu ces expreſſions dans vos anciens auteurs.) Alors on diſait : On n'en peut trop avoir. Le luxe vint après ces ſiécles gothiques : les richeſſes furent en honneur, & on cria partout : On n'en peut trop avoir. Voilà le coup le plus funeſte qui ait ébranlé l'édifice du gouvernement. Chacun ſépara ſon intérêt de celui de l'état :

tout fut isolé, plus de patriotisme : chacun pour soi, on vécut pour soi : le général ne fut compté qu'autant qu'il pouvait servir à agrandir sa fortune : en un mot, il ne fut plus que pour être le prétexte des grandes injustices & des atrocités qui resterent impunies à-l'abri de ce voile sacré.

Plus on se permit de concussions, plus il fallut d'art pour les cacher au public. Dès lors on afficha d'autant plus les grands mots d'humanité, d'égards pour les malheureux, d'honnêteté, qu'on était résolu de s'en dépouiller : tout fut sentimenté, jusqu'aux vices ; calomnie, médisance, trahisons, tout changea de couleur. Vertu fut un mot chassé de la société : celui de bienséance lui fut substitué. Tout se régla par bienséance, ou plutôt, on trompa par bienséance, on troubla tout par bienséance ; on s'égorgea par bienséance. Les héros de Fontenoi se firent le salut de bienséance, avant de se livrer aux horreurs de la guerre. Voilà ce qui se fit, voilà ce qui se fait. Si j'ai menti, que je sois Français.

Ce luxe assurément n'a point précédé les sociétés. Qu'il soit antérieur, qu'il soit le dévelopement de nos facultés : il n'en est pas moins le fléau de l'état. Vous ne pouvez plus le nier.

Loin d'être indifférent au bonheur des hommes, il est au-contraire un des instrumens les plus destructeurs & les plus féconds en infortunes. Je vous défie de ne pas en convenir.

Puisque la population disparaît dès que le luxe se montre, il doit en être censé la cause. Tous les siécles, tous les empires peuvent l'attester.

Si le commerce est un de ses plus puissans véhicules ; qu'il contribue à l'équilibre des Puissances, ou non ; j'en conclus qu'il les détruit également, puisqu'il fait partie d'une cause destructive.

S'il est vrai que l'industrie dissout l'égalité parmi les hommes, que le luxe en provienne ; loin d'en inférer cette inégalité, je conclus au-contraire que l'égalité est nécessaire, puisque c'est l'obstacle le plus puisſant contre le luxe, qui renverſe les états.

Puiſque, pour le ſoutenir, nous nous privons de nos denrées, pour obtenir avec peines des choſes indifférentes par elles-mêmes, mais funeſtes par leur uſage ; concluez que le luxe vous prive des véritables biens, pour y en ſupléer de factices. Ce ne ſera donc plus un paradoxe injuſte, barbare, digne d'un Tartare, ſi on regarde le commerce comme dangereux aux Nations ; puiſqu'il eſt la cauſe d'un éfet pernicieux. Loin de détruire le germe du bonheur qui commence, c'eſt au-contraire le féconder.

Le Samoyede qui ſe ſerait écarté de la route des Nations policées peut donc, ſans ſe rendre mépriſable, les condamner ; & un Tartare venu de Samarcande peut, en voyant les cauſes de tant de deſaſtres, ſe dire, ſans ſe deshonorer : J'étais venu m'inſtruire : mais parmi tant de chefs-d'œuvre ſi vantés je n'ai vu qu'une brillante miſere, & ma ſotiſe.

VALSIN.

Ni luxe, ni commerce! Vous voulez donc ôter toute communication entre les hommes, & les reconduire dans leurs forêts? Absurde!

KERMAELI.

Est-il essentiel à votre vie de communiquer avec l'Inde, l'Afrique & le Nouveau Monde? S'ils sont la source de vos malheurs, il est clair qu'il est utile d'y renoncer. Cette communication a perdu le genre-humain. Vous ne le retirez donc des forêts que pour le perdre dans la société?

VALSIN.

Que deviendront les arts qui nous procurent une si prodigieuse abondance d'agrémens & d'utilités?

KERMAELI.

Si le grand nombre est fait pour le plus

petit ; si le tout doit être immolé à l'unité ; conservez vos arts : si vous ne le croyez pas, oubliez-les.

VALSIN.

Comment les arts rendraient-ils malheureux ?

KERMAELI.

Connaissez-vous un homme qui ne soit pas tourmenté par ces arts que vous me vantez ? Ils ont amené les richesses, boureaux des pauvres & des riches.

VALSIN.

Vos raisons ne me rendront pas une bête à quatre pates. Mon front aime à s'élever vers le ciel, & j'y bénis l'Éternel, qui dans nos malheurs nous donne les arts, pour nous distraire & nous consoler.

KERMAELI.

Et moi, je n'ose élever mes yeux vers un Être de bonté qui dans ses présens me fait voir la misere du genre-humain, créé exprès pour le bonheur, amusé par son ombre, & détrompé avec desespoir.

VALSIN.

Tant de Nations avaient intérêt à chercher leur bien-être : leurs observations doivent être la base de la vérité. Si toutes ont admis les arts, le luxe & le commerce, quel homme osera les condamner ?

KERMAELI.

Croyez-vous la guerre utile aux peuples? On s'égorge toutefois depuis l'origine du monde. L'homme est né féroce & stupide. On dirait qu'il n'a eu des lumieres que pour travailler à sa perte.

VALSIN.

S'il eſt né méchant, la guerre eſt de ſa nature, ainſi que les arts qu'il cultive depuis auſſi long-temps qu'il ſe fait la guerre; s'il eſt né bon, pourquoi la guerre exiſte-t-elle ?

KERMALI.

Pour bon, je ne le crois pas : je le vois partout acharné à ſe détruire. S'il eſt né méchant; comment exiſte-t-il ? S'il eſt né bon, qui peut le pervertir ſur toute la ſurface de la Terre ? L'inſtitution des ſociétés ? Cela prouverait pour ſa diſſolution. En-éfet, cet état paraît tellement contre nature, eſt ſi violent, qu'il tend continuellement à ſe diſſoudre. Cela prouverait tout ce que j'ai avancé : On n'eſt bon que dans les bois.

VALSIN.

Comme nous ne pouvons pas y retourner, il ſerait bon de chercher un moyen de rendre la vie plus douce entre les hommes : & puiſque nous ne pouvons les dépêtrer de leurs arts, de leur luxe & de leur commerce, tâchons de les rendre moins nuiſibles.

KERMAELI.

J'en deſeſpere : mais, ſi la choſe eſt poſſible, nous eſſaierons demain. Le poiſon quitte rarement ſa nature.

TROISIÉME DIALOGUE.

KERMAELI, VALSIN.

KERMAELI.

VOUS croyez donc qu'il est des moyens de rendre le luxe utile?

VALSIN.

Vous imaginez donc que l'homme ne doit avoir de société qu'avec les ours. Il serait bon d'adoucir ses mœurs par le luxe.

KERMAELI.

Allez au Japon : vous verrez si le luxe y amollit les mœurs ; nulle-part elles ne sont plus sauvages, plus atroces ; & le luxe y eſt au plus haut dégré. Croyez-moi; ſi vous n'avez que ce moyen, laiſſez-nous dans les bois.

VALSIN.

Ce n'eſt pas l'éfet qu'il produit dans notre Europe. C'eſt lui qui nous aprit à goûter les douceurs de la ſociété. C'eſt un art qu'il a créé, & que nous nous ſommes aproprié. Auſſi, ſommes-nous le plus doux de tous les Peuples.

KERMAELI.

Vous en êtes les tigres. Sous un air de douceur vous cachez les projets les plus contraires au bonheur des Nations. C'eſt vous qui, la torche à la main, incendiez l'Europe depuis ſix cents ans : & lorſque les horreurs de la guerre vous ont épuiſés, on vous a vu marquer de cent mille meurtres les jours conſacrés au repos. Les autres Peuples ont eu des accès de fureur : mais vous, lorſque, le fer en main, vous ne déſolez point les autres contrées, l'intrigue, ſoumiſe à vos vues, pénetre dans les autres Cours; vous uniſſez, vous diviſez; & le fruit de vos médiations eſt toujours la guerre; vous détruiſez par les autres, quand vous ne le pouvez plus par vous-mêmes. Il fut un temps où les mariages de vos Princes étaient autant d'ordres d'enſanglanter l'Europe. Si c'eſt là votre douceur, renoncez-y pour le bonheur du genre-humain. Si elle vous eſt donnée par le luxe, comment voulez-vous qu'il produiſe un éfet contraire ?

VALSIN.

Le Soleil n'a pas toujours une lumiere pure; des nuages obſcurciſſent quelquefois l'œil du jour. Nous avons eu nos temps de barbarie; nous en gémiſſons encore: mais le luxe n'y avait aucune part. Privés des arts néceſſaires, ſi nous fûmes des barbares, nous n'avons ceſſé de l'être que depuis que nous les connaiſſons. A-peine les beaux jours commencent-ils pour nous : & ſi le luxe les fit éclore, il eſt clair qu'il faut l'encourager & le rendre plus utile.

KERMAELI.

Si le nombre d'hommes charge trop votre terre : ſi vous êtes trop funeſtes aux Nations voiſines, vous avez raiſon, il faut déveloper le germe du luxe ; ce ſera féconder celui de la dépopulation ; l'Europe poura reſpirer.

VALSIN.

Sans réfléchir aux choſes obligeantes que contient votre réponſe, je me contenterai d'opoſer à votre dépopulation les Peuples de l'Angleterre & de la Hollande. Quoique épuiſé par de nombreuſes colonies, leur pays eſt beaucoup plus peuplé qu'il ne l'était avant qu'ils n'euſſent du luxe. Ce n'eſt donc pas à cette cauſe qu'on doit imputer la dépopulation.

KERMAELI.

KERMAELI.

Lorſque Rome eut preſſé de ſa grandeur les deux tiers du Monde connu, elle avait du luxe ; on comptait ſes citoyens ; l'ancienne Italie, pauvre & ſans induſtrie, était couverte d'habitans ! Qui les avait abſorbés ? Le fer ? ſes conquêtes lui donnaient plus d'enfans qu'elles ne lui en coûtaient : le vaincu devenait citoyen : le luxe vengeait l'Univers.

VALSIN.

La Chine ne peut ſuffire à ſes habitans : on dirait que la terre y enfante les hommes. La nature eſt ſtérile ailleurs : ce n'eſt qu'à la Chine qu'elle eſt féconde. Le luxe y eſt-il un obſtacle ?

KERMAELI.

La fécondité y eſt un prodige de la nature : ſes forces s'épuiſent, lorſqu'elle aproche de l'Occident. Mais, ſi le luxe ne l'a point anéantie, comme dans d'autres climats, il a tellement énervé ces peuples, qu'ils n'ont pu défendre leur liberté. Vil fardeau de la terre, qu'ils ſurchargeaient, ils ont cédé à une poignée de Tartares. Rome, aſſervie par ſon faſte, baiſſa ſes aigles à l'aproche des Barbares. Comment rendrons-nous le luxe utile aux états?

VALSIN.

Vous l'avez chargé de tant de vices, que l'on peut ſe diſpenſer de le calomnier. Lui imputer la chûte des Romains, c'eſt confondre les cauſes.

KERMAELL.

Quoi! lorſque je vois une bourgade conquérir l'Univers par ſa patience, ſa pauvreté, ſon courage, le mépris de la mort & des arts, & tomber dès qu'elle les a adoptés dans ſon ſein, avec le luxe qui les y introduiſit, vous direz que je le calomnie?

VALSIN.

Rome, privée de toutes les richeſſes des vaincus, des arts de la Grèce, & des dépouilles de l'Orient, eût tombé ſans le luxe. Elle portait ſa perte dans ſon ſein; les temps l'ont dévelopée : elle a eu le ſort de toutes les grandeurs humaines : il fallait qu'elle fût. La pauvreté de Rome triompha des richeſſes de l'Orient : le Monde entier ſe briſa contre ſon aigle : ce n'eſt plus une énigme à expliquer. Une bourgade quelconque formée par le haſard, engagée par néceſſité à combattre, va renouveller cette ſcène ſur le théatre ſanglant du Monde. Il ne faut que des circonſtances. Que cette bourgade ſoit placée au milieu d'un pays peuplé de bourgades faibles comme elle, & qui n'aient aucune liaiſon ; vous verrez cette bourgade conquérir ce pays, ſi les autres ne forment une ligue générale contre elle. Obligée de combattre pour ſa propre conſervation, elle ſe fera un jeu de la guerre. Si à cette néceſſité vous joignez un chef adroit qui ſache inſpirer à ſes ſujets le déſir de s'agrandir en conſervant le vaincu, en l'incorporant avec les vainqueurs ; ce peuple prendra toujours des forces nouvelles, à-proportion de ſes conquêtes : ce qui ruine les autres puiſſances va former la ſienne : une ſeule victoire doublera ſes forces. Dès que Rome eut ſoumis deux de ces petites villes, celles qui l'environnaient ne pouvaient déja plus réſiſter ſéparément à ſes éforts. Mais ce ne fut point ſon courage, ſa pauvreté, ſa vertu qui la rendit la maîtreſſe de l'Italie pauvre, belliqueuſe, & vertueuſe au-moins autant qu'elle. La néceſſité, & le génie de ſon fondateur, & les circonſtances ; voilà les cauſes de ſa grandeur. Tout y concourut, juſqu'à la ſuperſtition même, qui avilit & dégrade tant les autres peuples. On veut bâtir le Capitole : il faut pour cela faire déloger les Dieux qui occupaient le terrein. Deux ſont opiniâtres ; l'augure nomme les rébelles : c'eſt la Jeuneſſe & le dieu Terme. On creuſe les fondemens d'un temple ; on trouve une tête humaine ;

les Dieux prononcent que la ville ſera la capitale de l'Italie. Un tel peuple devait l'aſſervir.

L'Italie ſoumiſe, que pouvait coûter l'Aſie voluptueuſe ? De tant de potentats, de deſpotes qui tyranniſaient la plus belle contrée de la Terre, à-peine voit-on deux ou trois ſouverains ſe liguer, combiner leurs forces pour leur défenſe réciproque: l'Aſie devient une province de Rome. L'Afrique était barbare ; nulle reſſource contre le courage armé de la diſcipline & des arts: & l'Europe était ſi plongée dans l'ignorance, que les Gaules, malgré les malheurs de l'Italie, ſi voiſine d'elles, ſe laiſſerent vaincre ſéparément. Ce que Rome a fait, toute autre ville le pouvait donc. Tranſportez Rome entre la Perſe & l'Inde ; malgré leur luxe, vous la verrez détruite auſſi tôt qu'élevée. Mais voyons ſi le luxe en a fait crouler les fon[illegible]mens.

Ron[illegible], compoſée de citoyens égaux, parce que le brigandage les unit ſous un roi reſſerré par le peuple & le ſénat, chaſſe, &

devait en-éfet chaſſer ſes rois : mais le peuple, jadis l'égal du ſénat, devait tôt ou tard lui donner la loi, ou la recevoir. Tous les corps, ne perdant jamais leurs intérêts de vue, ſaiſiſſent les moindres circonſtances pour les avancer. Le ſénat devait donc ſuccomber fort vîte, ou peu après uſurper l'autorité. Dans ce ſénat il y eut de grands hommes qui avaient des talens dangereux ; celui de vaincre & de ſe faire aimer. La rivalité dut armer de tels hommes, & entraîner le ſénat & le peuple. Le vainqueur donne la loi : voilà une république changée en monarchie (elles y tendent toutes) : voilà Auguſte empereur de Rome ; les ſermens des Brutus ſont oubliés. Dans cette marche naturelle je ne vois pas que l'influence du luxe ſoit indiſpenſable. La rivalité, l'ambition ruinait la république ainſi que toute autre cauſe.

Rome, une fois ſoumiſe aux volontés d'un empereur, vit tous les peuples concourir à en former un deſpote. Ces mêmes peuples briſerent l'idole ; voilà Rome ſaccagée, & je n'y vois pas l'hiſtoire du luxe.

KERMAELI.

Sparte oublie juſqu'au nom des richeſſes pendant 700 ans : la république, le courage, les mœurs y regnent ; elle eſt invincible. Le luxe revient ; Sparte tombe après 700 ans de trophées, de gloire & de vertus plus qu'humaines. Athenes pauvre repouſſe les Perſes, devient le rempart de la Grèce. Périclès fait élever des amphithéatres ; le Péloponeſe devient le tombeau de ſa ſplendeur & de ſa gloire.

L'Aſie, excepté nos Tartares, languit dans la moleſſe, ou périt ſous le deſpotiſme armé du luxe. Toujours conſtant à ſe reproduire au moment où les fondemens de l'état vont crouler, ne ſerait-il pas conſtant à les ébranler ?

VALSIN.

Vous calomniez encore le luxe. Si l'Aſie eſt courbée ſous le joug du deſpotiſme, n'en est-ce pas assez pour perdre l'Asie ? La férocité du despote multiplie les ruines, comme celle du tigre, sans épuiser ni sa rage, ni sa faim. Il n'y a point là de luxe.

Athenes avait un gouvernement populaire. Les membres de l'Aréopage, objets continuels de la jalousie d'une multitude volage & jalouse de sa liberté, étaient sacrifiés à cette jalousie ; mais il fallait que la victime fût ornée. On ne persécutait que les plus illustres : le défenseur de l'état en était censé l'ennemi dès qu'il avait triomphé de l'étranger : le peuple, armé de la puissance législatrice & exécutrice, était en même temps accusateur, juge & partie. Cette source de persécutions devait tarir celle des talens. Le défaut de conduite en-éfet les perdit plus que la valeur des Spartiates. J'en donne pour preuve la guerre du Péloponese, où s'éteignit leur splendeur. Je ne vois point là de luxe.

Sparte, le chef-d'œuvre de l'esprit humain, & celui qui paraît le plus outrager la Nature ; Sparte fut victime de l'orgueil, de l'ambition, & même de la chûte d'Athenes, ainsi que Rome le fut de celle de Carthage. Les mêmes événemens se reproduisent sous mille formes différentes : Ce n'est point là l'histoire du luxe.

Si les gouvernemens disparaissent, lorsque le luxe se présente, c'est qu'il est d'autres causes de décadence. L'ouvrage des hommes n'a pas commencé qu'il tend à sa ruine par mille moyens différens, & quelquefois oposés. Dans les états fondés sur l'égalité, le désir des richesses est inutile ; on peut s'en passer ; il peut n'y avoir point de luxe : mais partout où elles seront le fruit des talens, du travail & de l'industrie, l'usage qu'on en fera est inséparable du luxe. D'où il suit qu'il est aussi naturel que le sentiment qui le produit.

KERMAELI.

Si le Gouvernement n'est pas fondé

ſur l'égalité des Citoyens, le déſir du bonheur allumera l'amour des richeſſes; il y aura néceſſairement un luxe deſtructeur; ces richeſſes, ces aiſances qu'elles procurent, ces beſoins multipliés qui ne renaiſſent que pour être ſatisfaits; ces jouiſſances continues & variées, ſelon le caprice & la fortune; cet uſage ou cet abus des voluptés vont partager le peuple en deux claſſes d'hommes: les riches ſeront corrompus par cela même qu'ils ſont riches & affaiſſés ſous le poids du plaiſir. Cette claſſe de citoyens ne rend pas un état bien floriſſant: ſon affaire eſt le plaiſir; on n'y compte les hommes que par leurs dépenſes. Voilà ce que je vois tous les jours: voilà ce que le pauvre citoyen voit comme moi; & voici ce que ce ſpectacle produit ſur lui: Le dégoût de ſa pauvreté, le déſir d'en ſortir, l'horreur de ſon état, la jalouſie contre les grands, ſource intariſſable de diviſions. Si ce peuple n'eſt pas encore anéanti par la miſere; ſi ſon ame indignée peut encore sentir que jadis les hommes furent égaux; que ce fut le but de la Nature, mere commune des hommes; ces passions, excitées par le contraste des fortunes, vont rendre une classe ennemie de l'autre: voilà des guerres intestines qui vont armer les citoyens: le bonheur de tous fuit à l'aproche des allarmes. Je vois l'ancienne Rome sortir de cette égalité; & les riches & les pauvres cimenter de leur sang les malheurs de l'État; le Sénat asservi au peuple se courber, fléchir sous le joug, malgré son opulence; jusqu'à ce que la fortune, par une circonstance heureuse, rejette le peuple dans la dépendance du Sénat: opresseurs, oprimés tour à tour, ils sont également malheureux, également asservis à la nécessité de l'être; & dignes d'y rester. Je vois alors des citoyens qui, de leur sang, viennent de mériter le triomphe à un Sénateur, passer au nombre de ses esclaves. Flétri par sa misere, obéré par ses créances, celui qui méprisait les Rois connaît un maître. Vous ne pouvez nier ce fait ; tous les Historiens l'attestent. Si au-contraire le peuple, déja abruti, n'a plus cette fierté qu'on puise dans l'indépendance, & que l'égalité nourit, la classe des riches, après leur avoir enlevé leur patrimoine, leur enlèvé jusqu'à leur liberté. Avilis sous la main d'un maître, ils tombent dans l'abrutissement & dans la stupidité. C'est ainsi que leur existence est devenue précaire en Russie, dans la Perse & chez les Turcs. Et vous, Français, qui osez prononcer le nom de liberté, qui prétendez que le luxe vous l'assure, regardez autour de vous ; vous y verrez encore les traces des fers dont il vous a flétris : ces vestiges honteux sont encore un dépôt confié à l'Église : des moines conservent encore les verges dont ils ont frapé vos aïeux. Vous êtes libres ! Pourquoi donc cette fille, douce & modeste, n'ose-t-elle écouter le vœu de la nature à l'ombre sacrée du lien conjugal, que vos dervis n'aient avili ſon ame honnête & ingénue au ſervice du cloître ? Pourquoi des hommes y ſont-ils encore liés à la glebe ? Qu'il y a loin de cette dépendance, de ces chaînes de vaſſelage à l'égalité qui uniſſait les Francs !

Comment ſe ſont-ils perdus ces droits précieux de l'homme ? Par le déſir des richeſſes, par le luxe qu'elles ont amené, par l'eſprit de communauté, qui, en ſe perdant, a perdu tous les peuples. Et, comme je vous l'ai déja dit, s'il n'eſt pas permis de ſacrifier les intérêts du plus grand nombre au plus petit ; il ne doit pas être permis de s'écarter de cet eſprit de communauté. Ne me parlez donc plus du luxe, & des richeſſes qui tendent continuellement à le détruire, corrompent le pauvre par le riche, ſe détériorent mutuellement, & ne conſervent ſouvent d'humanité que le nom qu'ils portent & qu'ils méritent ſi peu.

VALSIN.

Vous outrez jusqu'à la vérité même. Vous parlez toujours d'égalité, comme si vous pouviez persuader aux hommes de renoncer à tout. Une loi de la société n'est-elle pas que la propriété soit inviolable? Comment voulez-vous donc en exiger le sacrifice? Ne voyez-vous pas qu'il faudrait le renouveller sans-cesse? Quoi! je me serai mis en société pour conserver mon droit, pour en écarter la violence! & la société me forcera d'y renoncer? Elle ne le peut sans ébranler ses fondemens. Si les hommes sont rassemblés, c'est que, leur faiblesse ne pouvant assurer leurs propriétés, ils ont soutenu de leurs forces communes ce droit de chacun de ses membres.

KERMAELI.

Si l'homme put oublier qu'il était libre, indépendant, que sa volonté était pleine, entiere, comme l'intensité de sa nature pouvait le lui permettre ; sans-doute il eut un motif pour en faire le sacrifice; l'espérance d'un meilleur état : & tous les hommes ne se sont pas liés qu'ils n'en aient aperçu la certitude. Le bonheur est agissant, il éclaire, il sent ce qui peut lui convenir. L'instinct de l'homme encore sauvage, une lueur de raison lui firent préférer l'état de société ; mais ce fut pour son bonheur. Si elle ne le fait pas ; si au-contraire elle le diminue ; si les voutes de vos temples, si vos palais, vos maisons, vos chaumieres retentissent des cris des malheureux, plus que nos antiques forêts, il est clair que la société ne remplit pas son but. Il faut toutefois qu'elle le remplisse : donc, si l'esprit de propriété s'y opose, elle a le droit de le rompre. Si le désir des richesses est un obstacle, elle doit le renverser : si l'inégalité la renverse, si elle la rend *effétée*, languissante, elle doit la relever, la soutenir, lui rendre la vie, en ramenant l'égalité. Elle est impossible ! Sparte, Crête, & vingt peuples sauvages en ont démontré la possibilité.

VALSIN.

Que d'Empires dissous, anéantis ! Ignorez-vous que cette égalité ne peut convenir qu'à de très-petits états ? que partout où les hommes sont en foule elle disparaît étoufée.

KERMAELI.

Est-il donc essentiel au bonheur de former de grandes sociétés ? Nous ne naissons pas pour être entassés. On vivait à Sparte, dans l'Isle de Crête, aussi bien qu'à Paris & à Londres. Mille petites peuplades couvraient un autre hémisphere, avant que la fureur & le délire de votre Europe n'en égorgeassent les paisibles habitans.

VALSIN.

Je ne sais pas si on aurait alors plus à se

féliciter : mais pourquoi inonder le Monde de révolutions ? Le théatre de la Terre a été ensanglanté assez de fois. Diviser les grands états en petites républiques, c'est les r'assujettir aux causes qui les ont englouties dans de grandes monarchies. Vous avez trop bonne opinion des hommes : ils ne sont pas assez sobres pour se contenter de gland ; pas assez sages pour fleurir en paix à l'ombre de la liberté républicaine.

KERMAELI.

Vous voulez donc que le luxe les dévore ? que le despotisme, après avoir écrasé l'Asie, desseche aussi vos contrées ? Car le luxe vous y conduira. Une fois que les richesses seront réunies entre quelques particuliers, que les petits états seront envahis par les grands corps qui les environnent ; tout est perdu. Vous serez des Asiatiques. Le pouvoir monarchique marche à grands pas. Depuis deux cents ans je vois disparaître les Nations sous la puissance absolue : prenez-y garde.

VALSIN.

Ce n'eſt point là l'objet de nos craintes. Nos Rois ſont trop éclairés pour vouloir & oſer ce qu'ils pouraient. Ils ſavent qu'il n'y a point de ſureté pour le monarque où l'autorité eſt ſans bornes; que la puiſſance la plus ſtable eſt celle qui ſait ſe renfermer dans de juſtes limites; que la confiance & le cœur des peuples font la force & la grandeur du Prince; & qu'exiger ce qu'on peut, c'eſt imiter l'inſenſé qui, pour avoir du fruit, couperait l'arbre par la racine.

KERMAELI.

Ces maximes ſont juſtes & belles: mais que peut un code de morale contre cette voix qui retentit ſans-ceſſe dans le cœur de l'homme? Il faut à ce que j'ai ajouter encore le plus que je pourai de ce que je n'ai pas. Avez-vous vu les torrens s'arrêter où le terrein prête une pente plus rapide? N'eſt-il pas dans la nature des choſes de prendre les accroissemens dont elles sont susceptibles; avant de retourner à de nouvelles combinaisons? Tout grand pouvoir veut s'agrandir. On part d'une extrémité; il faut arriver à l'autre.

Quand on tient dans ses mains le dépôt de la fortune publique, qu'il est beau, mais qu'il est difficile de ne pas en abuser! Dépôt sacré, source des malheurs & des plaisirs du monde, puisses-tu jamais n'être souillé par des mains prodigues du sang & des desastres des hommes! Puissent dans tous les siécles les Monarques de la Terre respecter ta sainteté, & trembler devant toi, comme si tu recelais la Divinité même! Le premier qui sur toi porta sa main sacrilege, fut un assemblage monstrueux de tous les crimes. Fut-il assassin? fut-il parricide? outragea-t-il la Nature, les hommes & la Divinité? Il fut méchant, ce qu'un homme pouvait l'être. Assassin, parricide, il outragea à-la-fois la Nature, les hommes & la Divinité. Que dis-je, assassin?

Pour mériter ce nom atroce, il suffit de tremper sa main dans le sang d'un seul individu. Mais un . . . je ne dirai pas un roi (ne profanons pas le nom de pere); mais un être de férocité, qui donne la mort au Corps politique, est l'assassin de chaque individu; le parricide se multiplie sous son glaive, comme le nombre de ses enfans dans la famille qui lui confia son bonheur & sa vie.

On n'est donc pas retenu par le plaisir de se dire : partout on me chérit, on m'aime : auteur de la prospérité publique, mon nom vôle de bouche en bouche, parmi la joie tumultueuse, les ris & les jeux, enfans du bonheur : si les pleurs du malheureux ne coulent plus ; si l'agriculture n'est plus livrée aux allarmes; si l'oprimé leve sa tête au-dessus des flots que soulevait l'injustice, c'est notre Roi, c'est notre bon pere à qui nous le devons. Aimons ce bon Maître : Qu'il regne toujours sur nous! que nos descendans retrouvent dans les nôtres les mêmes ſentimens de reſpect & d'amour ! qu'il regne entre les ſiens & les nôtres un commerce perpétuel de bienfaits & d'attachement ! Eh ! comment eſt-il un homme aſſez inſenſible pour n'être pas touché d'un ſentiment ſi doux, ſi majeſtueux ? La Nature nous fit donc ou faibles ou méchans. Si les Princes pouvaient ſe pénétrer de cette vérité, en trouverions-nous d'aſſez généreux pour ſe charger du fardeau public ? Je crois que le plus ſage, le plus humain, éfrayé de ſes devoirs & des dangers, prierait les peuples de ne lui laiſſer de pouvoir que pour faire le bien. Il me ſemble l'entendre dire à ceux qui le preſſent de les gouverner : Faible comme vous, j'ai beſoin qu'on me guide : & vous voulez que je ſois choiſi pour vous guider ! Ma raiſon me trompe tous les jours dans des choſes indifférentes ; je m'en défie pour mes propres affaires ; & vous lui confiez celle-même qui exigerait le miniſtere d'un Dieu. Je veux le bien : mais ſouvent je le méconnais. Je ſuis un enfant qui commence une carriere nouvelle : ſi je n'ai pas des liſieres qui me retiennent, je ferai le mal, ſouvent ſans le vouloir, & peut-être avec volonté : mon cœur en frémit, je l'avoue en gémiſſant, une paſſion ſuffit pour le troubler. Le torrent qui n'a point de digue paſſe ſes limites ; la deſtruction le ſuit ; il s'annonce par l'éfroi ; les ravages, les ruines l'accompagnent. Je ſerai peut-être ce torrent : qui peut répondre de ſon cœur ? Opoſez donc une forte digue à mes paſſions : proportionnez-la à ma faibleſſe ; je la crains. Vous me remettez un glaive qui peut s'apeſantir ſur vos têtes ; ne me le laiſſez donc que lors qu'il ſervira à l'intérêt général. J'ai vu de fort honnêtes gens devenir furieux : avertis de l'accès qui allait les troubler, ils priaient qu'on leur liât les mains. Peuples, je vous conjure par le bien de tous de m'accorder la même faveur. L'homme le plus paiſible peut avoir ſa frénéſie : je crains la mienne ; je vous aime ; & je ne regne pour vous qu'aux conditions que je vous prefcris.

VALSIN.

S'il exiftait un tel homme !

KERMAELI.

S'il en exiftait un ! ... Ce qui m'étonne, c'eft qu'il y en ait eu un feul qui ait eu une volonté contraire. Les puiffances regnent pour elles, ou pour les peuples : dans l'un & l'autre cas les Princes feraient trop heureux de n'avoir jamais le pouvoir d'être injuftes. On veut rarement le bien, quand on fe réferve le pouvoir de faire le mal ; & fi Trajan, en acceptant la couronne, n'eût pas remis le glaive entre les mains des Sénateurs, pour l'en punir, fi jamais il ofait être tyran ; l'immortel Trajan ne ferait pas le modèle des Princes.

VALSIN.

Pourquoi mettre ainsi des entraves aux Souverains ; leurs devoirs ne sont-ils pas assez pénibles ? Il suffit bien qu'ils aient une intention pure. L'erreur est de l'homme ; Dieu seul voit tout.

KERMAELI.

Ce n'est pas non plus aux Dieux que je propose de mettre des lisieres ; c'est aux enfans qui marchent d'un pas incertain ; c'est à l'homme faible qui peut se tromper, s'opiniâtrer dans son dessein, & par une erreur d'un moment perdre un peuple totalement, ou des siécles entiers. Il suffit d'une intention pure. Qu'un jeune Monarque ait les vertus d'Auguste vieillissant, qu'il veuille bien le promettre & le faire, le Royaume va reprendre sa splendeur, peut-être par sa sagesse en acquérir une nouvelle ; je le crois capable de ces grands prodiges, s'il les veut ; sa bonté surpassera l'espoir du peuple.

VALSIN.

J'ai prouvé que Rome, Sparte, & les autres états avaient ſuccombé par une cauſe différente, autre que celle du luxe.

KERMAELI.

La langueur de l'Italie, ſa moleſſe, ſon génie énervé, à quoi les imputerez-vous, ſi ce n'eſt au luxe qui la fond & la conſume ? Pourquoi les deſcendans des Scipions ſont-ils avilis ſous l'empire de la thiare ? Comment ce grand corps qui avait tout ébranlé voit-il ſes membres épars n'avoir qu'une exiſtence précaire ? Enfermée entre les Alpes & la mer, d'où vient que de ſi redoutables remparts n'ont pu la protéger ? Comment s'eſt briſé ſon orgueil ſous le conflict de tant de puiſſances qui l'ont ravagée & ſecourue tour-à-tour ?

VALSIN.

Le luxe eſt ici l'éfet, & non la cauſe :

il n'a point vicié les esprits, il n'a point abatardi les cœurs : l'héroïsme n'en a point reçu d'outrage. Les peuples de cette contrée fertile qui produisit long-temps les malheurs du Monde, ont vu le luxe naître sous les décombres des villes saccagées. Ce n'est point lui qui en fit tomber les murs. L'Italie écrasée sous le poids du Monde, qu'elle soutenait, brisée sous les éforts des Barbares qui se pressaient & refluaient vers le centre que ce choc universel froissait de toutes parts, l'Italie, déchirée par les fureurs des vaincus, se vit la proie du Monde, qu'elle avait ravagé. Le luxe fut enséveli sous la chûte des villes, il disparut. Mais je vous ai prouvé qu'il n'avait point préparé ces grands événemens, qu'ils étaient enchaînés à la constitution de l'état; que Rome, asservie aux convulsions, aux crises, par sa constitution même, devait succòmber sous le pouvoir du peuple, ou du sénat; que les Nations vaincues, dépouillées par les vainqueurs, devaient nécessairement introduire à Rome les richesses immenses qui devaient les venger. Mais le luxe qu'elles ont amené fut l'éfet & non la cauſe de la chûte de ce grand empire. Car il n'était déja plus lors même qu'il touchait au faîte de la grandeur. C'était donc une néceſſité que ces grandeurs ſuprêmes diſparuſſent, & que le luxe, qui en était l'éfet, fût enterré avec elles.

L'Italie déchirée par cent peuples, après avoir aſſouvi la vengeance, après l'avoir nourie de ſang, & gorgé la cupidité des prédateurs, ne commence à reſpirer qu'au moment où ſa faibleſſe la livre au premier qui l'attaque. Sujette à la domination des Vandales & du paiſible Lombard, elle cultivait tranquillement ſes guérets; & le bonheur allait s'ourdir de ſon impuiſſance. L'inquiétude altiere des Papes, furieux de ne pouvoir briſer le joug, ne le rejette que pour fléchir ſous celui que les Français impoſent. Les Allemands arrachent ces peuples malheureux au joug ſous lequel ils ſe débataient vainement; mais ils ne firent que le ſoulever: ils l'apeſantirent bientôt. Suit la guerre cruelle que fomenterent les Guelfes & les Gibelins : & le Dieu de la guerre, raſſaſié de tant de victimes, mit enfin le terme aux deſaſtres de l'Italie oprimée. Il ne trouva d'autre moyen de lui rendre la paix, qu'en la diviſant, pour la ſoumettre à diverſes grandes Puiſſances, à-l'abri deſquelles elle oublia ſa gloire & ſes malheurs.

Depuis cette généreuſe époque, l'Italie, moins agitée, n'ayant plus de palmes à cueillir, moins ivre d'une liberté trop dangereuſe, abandonna les armes pour ſe livrer aux douceurs du repos. C'eſt alors que les arts parurent ſortir de deſſous les ruines, & que le luxe captif, enchaîné ſous le génie de la diſcorde, vint réparer tant de ſiécles de calamités : berçant ce peuple ſenſible dans le ſein de la moleſſe, il a ſu lui faire oublier ſon eſclavage. Le joug parait léger, parce que leur imagination brillante ſait le couvrir & le cacher ſous les fleurs; mais ceci eſt dû aux circonſtances, & ſurtout à l'impuiſſance heureuſe où ils ſont de briller par les armes. Si leur génie eſt moins guerrier, ce n'eſt donc pas à-cauſe du luxe; mais au-contraire, le luxe n'y parait que par l'impuiſſance où ils ſont de ſe livrer à la guerre.

KERMAELI.

Le luxe, dites-vous, n'a point anéanti l'ancienne Italie; le luxe eſt néceſſaire à la moderne! Sparte, Carthage ont eu d'autres cauſes de leur chûte. L'Aſie eſt moins fondue par les délices du luxe, que briſée ſous le deſpotiſme, que vous regardez comme la cauſe premiere de la perte d'un peuple, ſans examiner qu'un peuple pauvre ne fut eſclave qu'après s'être enrichi! Le luxe, à vous entendre, ſera donc l'origine de la proſpérité des états? Funeſte abus de votre raiſon!

VALSIN.

Il n'en ſera ni le bonheur ni l'infortune: c'eſt un reſſort qui peut réagir contre la main qui le détend. Si l'œil ne conduit la main, elle poura, d'un objet utile en faire un objet de perte. En un mot, je crois que le luxe doit être subordonné au gouvernement : quelques réflexions peuvent vous en convaincre.

Vous n'imaginez pas que ce soit une nécessité de brûler ces cités immenses élevées par l'industrie & enrichies de tous les arts, pour retourner dans les forêts jouir de l'égalité primitive ; ce sentiment serait outré, & personne ne l'adoptera. Nos femmes ne quitteront pas leur toilette & leur canapé, pour se mirer au bord d'une fontaine tapissée d'une riante verdure.

KERMAELI.

Quand je vois les ravages que le luxe introduit, mon cœur ulcéré préfere la solitude des bois au Louvre même, & mon esprit indigné des infortunes des hommes & de leur atrocité n'aperçoit le bonheur qu'au milieu des forêts. Je persiste dans mon opinion ; & si vous ajoutez un mot en faveur du luxe, je ne vous réponds qu'en fuyant dans les déserts de l'Asie.

VALSIN.

Je me garderai bien de priver la société d'un homme qui peut l'éclairer. Je ne veux plus justifier les desordres du luxe; je sais qu'il en est une des sources les plus fécondes: mon unique dessein est, pour me servir de votre expression, de corriger la nature même du poison. Vous savez que les arts, malgré leur corruption, se rendent quelquefois salutaires.

KERMAELI.

Sous ce point-de-vue, je vous écoute.

VALSIN.

Puisque les hommes ne sont pas assez raisonnables pour habiter délicieusement dans la taniere d'un ours, cherchons à écarter du luxe qui l'environne le poison qu'il pétrit pour infecter l'asyle qui le reçoit. Un des penchans que la Nature nous donne, c'eſt l'amour de nous-mêmes. Ce ſentiment ſe trouve bleſſé de voir un être ſemblable à nous jouir d'une ſupériorité factice ou vraie.

KERMAELI.

Et voilà ce poiſon que le luxe multiplie, que la ſociété fait germer ; & qui rend l'homme acharné contre l'homme, plus que s'il eût puiſé la vie dans les flancs d'une bête féroce.

VALSIN.

Vous avez bien raiſon ; je le vois comme vous : mais, je vous l'ai déja dit, ne cherchons point à extirper un vice dont les racines ſont dans la nature même de la ſociété.

KERMAELI.

Dites, dans une ſociété contre la nature ; & nous ſerons du même avis.

VALSIN.

VALSIN.

Cela revient au même, car je ne veux pas vous voir repartir pour le mont Caucase. Que la nature même de l'homme, ou celle de la société soit le principe de ce germe destructeur du bonheur, il n'en est pas moins *inéradicable*. On ne peut que le corriger, en le dénaturant; & c'est de quoi vous & moi nous occupons.

KERMAELI.

Moi! il n'en est rien. Que penseriez-vous de moi, si j'essayais d'ôter la solidité du fer? Puis-je dépouiller le feu de ses propriétés? Je le vois partout consumer ce qui l'approche. Le luxe lui ressemble, je l'ai vu partout engloutir les états.

VALSIN.

Toutefois ce feu si dangereux par sa nature, l'homme a su le plier à ses besoins. Qui sait, si le luxe n'aprendrait pas à obéir?

J'en deſeſpere ainſi que vous : mais eſſayons.

Ier Principe.

L'homme mis dans la ſociété tend par ſa nature à ſon bien être.

I I Principe.

* Soit erreur, ſoit vérité, les richeſſes ſont cenſées contribuer au bonheur de l'homme.

C'eſt une expérience conſtatée par le ſauvage même ; & nulle vérité n'eſt prouvée comme celle - là.

Conſéquence du Ier & du I I Principe.

Le déſir de s'enrichir eſt donc inſéparable de tout homme.

Songez que les richeſſes ſont relatives. Un enfant qui a deux noix s'aplaudit, & ſe préfere à celui qui n'en a qu'une.

KERMAELI.

Oui, dans la nature déja détériorée !

VALSIN.

Cela peut être : mais voilà ce que nous ſommes. Il ſerait difficile de voir ce que nous devrions être dans un état qui n'exiſte plus. Revenons.

Les richeſſes introduiſent des diſtinctions, ſoit dans les jouiſſances phyſiques, ſoit dans les jouiſſances morales.

Le luxe, qui en eſt la ſuite, eſt donc lié néceſſairement à notre bien-être.

Le légiſlateur doit donc y avoir égard. Et, puiſqu'il eſt inſéparable de notre condition, il faut chercher, non à le ſuprimer (ce qui eſt la choſe impoſſible) mais le point où il faut l'arrêter. Ces principes vous paraiſſent-ils évidens ? Réfléchiſſez ſurtout à cette circonſtance : que je parle d'un poiſon dont nous ſommes imprégnés, que nous ne pouvons détruire, mais ſeulement corriger.

KERMAELI.

Comment le légiſlateur trouvera-t-il les

moyens d'allier le danger attaché à ces richeſſes, avec le bonheur qui doit être l'objet de ſes recherches ? Voyons ſi vous ſaurez unir les contraires.

VALSIN.

Quel eſt le but de la ſociété ? Le bonheur ! Peut-il être complet ? Un être borné ! quelles doivent être ſes prétentions ? Le déſir d'écarter la violence par la réunion de tous étant le principe de la ſociété, tous ont dû prendre également intérêt à la conſerver.

KERMAELI.

Cela eſt juſte : mais il faut le concours unanime de tous ſes membres. Car cette égalité d'intérêt eſt une injuſtice manifeſte, dans ces ſociétés léonines, où les loix n'exiſtent que pour aſſurer la dépendance du faible, & l'opreſſion dans les mains du puiſſant.

VALSIN.

C'eſt dans la ſupoſition même d'une telle ſociété que je raiſonne.

Le légiſlateur a donc le droit de forcer chaque individu à la conſervation de l'ordre ſocial. Donc ; ſi le luxe des particuliers devient dangereux pour le général, il aura le droit de le réprimer. Ce luxe n'eſt donc nuiſible que par la négligence même du légiſlateur.

KERMAELI.

Qui peut aſſigner le temps où le luxe eſt utile, où il ceſſe de l'être ? Trouvez les limites ; & je ceſſe de le proſcrire.

VALSIN.

Rien de plus facile. Réuniſſez les intérêts particuliers vers un point commun ; l'utilité. Inſpirez le noble déſir d'aimer la patrie : le luxe, qui détachait chaque particulier de la chaîne générale, va les raprocher d'un centre commun.

KERMAELI.

Rien de plus facile en-éfet. Mettre des bornes à la cupidité, étouffer les passions qui naissent du choc de la rivalité ; rien de plus facile ! Prudent législateur, vous connaissez bien le cœur de l'homme ! Sachez que la rouille s'attache moins aux métaux, la lime ne mord pas plus sur l'acier, que la jalousie sur le cœur humain.

VALSIN.

L'intérêt fait tout ; les crimes & les vertus. Combatez l'intérêt par lui-même.

KERMAELI.

Je vous attends. Mais cet hydre vous échape : ce Protée se multiplie sous mille formes. Venez, Argus, saisir cet ensemble, & cette prodigieuse variété.

VALSIN.

J'y suis ; & mon espérance n'est pas vaine.

Dans le choix des biens qui flatent un mortel, j'en vois de plus doux pour l'homme que ceux qui aiguillonnent la moindre indolence de ses sens. L'esprit se nourit de chimeres : une feuille de laurier lui fait oublier la perte de ses biens, l'engage même au sacrifice de sa vie. Le noble désir d'être estimable aux yeux de ses égaux va fournir mille moyens d'être utile à la patrie : déja la cupidité quitte son rempart, chassée, éblouie par le dard de la réputation. Des législateurs engagent tous les jours des millions d'hommes à s'égorger pour des intérêts étrangers : & vous doutez qu'on manque de moyens à leur inspirer le désir de se rendre utiles par le sacrifice d'une légere partie de leurs biens ? Les richesses enfantées par le luxe, sous un législateur habile, tourneront au profit de tous, si vous savez dédommager le citoyen d'une perte volontaire, par l'honneur, l'estime; biens sacrés, quoiqu'imaginaires, supérieurs à toute la pompe des vils biens qui châtouilleraient l'orgueil des sens.

KERMAELI.

Ce que vous avancez eſt prouvé par une nation voiſine, qui ſait quelquefois diriger les intérêts ſéculiers vers l'ordre général. Londres eſt le ſéjour de la générosité des Citoyens. On n'attend pas l'ordre du Gouvernement pour y pourvoir à la ſureté de l'état. Le riche ſait qu'il n'eſt rien ſans les bras du pauvre. Attendrait-il qu'il fût énervé? Ses largeſſes ont déja rendu à l'agriculture les beſtiaux que les maladies lui enlevent. Le marchand eſt ſurpris de retrouver dans ſa maiſon les biens que la tempête lui a enlevés : & j'ai vu moi-même le peuple affamé jouir de ſon aiſance accoutumée, ſans les ſecours du Gouvernement. L'humanité fervente, en dépit du monopole, apellait, de chaque contrée, des bleds, que la Terre ſemblait ne pas avoir deſtinés pour cette Iſle. Français, lorſque la faim dévorait vos campagnes, vit-on le pauvre trouver dans vos greniers ſa ſubſiſtance ordinaire, & ne s'apercevoir de la disette, que par les soins d'une bienfaisance réciproque? O honte! Oprobre de l'humanité! On a vu le riche, avide d'augmenter sa fortune aux dépens de la fortune publique, se nourir des désastres de sa Patrie, enterrer ses grains pour accroître la famine, & les livrer à la pouriture plutôt que de soustraire un sol du taux que l'avarice y avait mis.

Oui, vous m'ouvrez les yeux. Ce que produit l'industrie des Citoyens peut contribuer à leur bonheur mutuel. Il suffit de les éclairer dans l'emploi qu'ils doivent en faire.

De frivoles distinctions, apuyées de l'estime générale, l'emporteront aisément dans l'esprit crédule de l'homme faible, ignorant, sur des richesses, peut-être plus frivoles, à coup sûr plus dangereuses, désirées par la cupidité, acquises par l'intrigue, conservées par l'inquiétude, & perdues avec desespoir. Sans-doute le Gouvernement peut tout: le mépris &

l'eſtime ſont de puiſſans mobiles ſur des êtres qui n'exiſtent que dans l'opinion des autres, & jamais par eux-mêmes. Je ſais que l'homme, jetté dans la ſociété, aporte avec lui ce germe dangereux de ſe diſtinguer par les biens, ſoit réels, ſoit imaginaires. Convaincu des deſordres qu'il fait éclore, perſuadé que les malheurs n'avaient pas de cauſes plus fécondes, je condamnais toute ſorte de luxe, ſans ſonger qu'il était inſéparable de notre faibleſſe. J'avoue donc que c'eſt un mal néceſſaire dans les ſociétés : & c'eſt auſſi ce qui, me faiſait pencher pour l'état de nature, chimere où j'avais relégué le bonheur. Triſte condition de l'homme ! il ne peut ſe réunir, qu'il ne paie la douceur de converſer avec ſes ſemblables, de tout ſon repos. Seul, il dort ou s'ennuie : au ſein des villes, il eſt en proie aux paſſions, déchiré par les ſoins d'un à-venir qui n'eſt point fait pour lui, tourmenté par le ſouvenir de ce qui n'eſt plus, & enchaîné par l'eſpérance à ce qui va lui échaper, jouet de tous les événemens, baloté par ses désirs sur cette mer immense, était-ce la peine de naître? Mais telle est notre condition. Le vermisseau qui traîne sa vie rampante ne se plaint pas du présent funeste qu'on lui a fait. Vivons, puisqu'il le faut, avec le reste des hommes. Je renonce à ma retraite du mont Taurus; je me mêle encore dans la foule: mais je me réserve le droit d'attacher une indifférence profonde à tout ce qui captive le vulgaire. C'est ma cuirasse: il serait difficile de me l'ôter. Témoin des imprudences, je vais du port même contempler les orages des passions, & voir briser à mes pieds les éforts de la tempête. Que le luxe perde les cités, qu'il bouleverse les états, qu'il ne donne la vie au monde que pour lui porter cent mille morts; je ne le crains plus pour moi: la douleur & le plaisir ne sont pas dignes d'agiter le cœur d'un homme. Indifférent pour moi-même, je n'y prends plus de part que pour la faiblesse des autres. Soit que votre sensibilité s'exerce pour eux, ou pour vous, dites-moi à quel point laisserez-vous monter le luxe, pour le rendre moins dangereux? Car il est difficile, peut-être impossible de l'arrêter.

VALSIN.

Je lui réserve des chaînes capables de le contenir. Qu'il soit esclave des mœurs.

KERMAELI.

Et s'il s'affranchit de ce joug sacré? s'il vient à corrompre les mœurs?

VALSIN.

Je leur donne la loi pour guide.

KERMAELI.

Et si la loi cesse de veiller? si le législateur s'endort? si les mœurs & les loix cedent enfin à la nécessité, dont le temps, qui entraîne tout, augmente le pouvoir?

VALSIN.

Je ſupoſe un bon gouvernement.

KERMAELI.

Dieux! quelle ſupoſition! Où le trouverez-vous? Et quand vous l'aurez trouvé, comment le maintiendrez-vous?

VALSIN.

Je ſais que tout s'uſe. Les ſiecles entraînent avec eux l'ouvrage même de l'Éternel: ils ne reſpecteront pas la main fragile de l'homme, dans les monumens de ſes arts & de ſes loix. Mais rien n'eſt parfait; & c'eſt beaucoup de ſoulever, pendant quelques ſiecles, le joug de l'infortune, qui peſe ſur des millions d'hommes. Or, les mœurs, protégées par les loix, mettront des entraves au luxe, au moins pendant quelque temps: & lorſqu'il les aura briſées, il ſera poſſible encore de le ramener à ſa chaîne. C'eſt tout ce que je veux. Je ſais que le luxe, ſous telle forme qu'il puiſſe ſe préſenter, fera éclore les paſſions; qu'il introduira les diſtinctions odieuſes de pauvre & de riche; que la jalouſie agitera ſes ſerpens; que la cupidité fera braver les tempêtes, & jettera ſes crampons dans le cœur de l'avare & de l'ambitieux : mais j'aurais mis des bornes à un mal inévitable. C'eſt peut-être le ſeul bien qui ſoit au pouvoir de l'homme. Enfin, ſi le luxe dévore encore ces victimes, je le mettrai au moins dans la néceſſité de les engraiſſer : je veux qu'il ne les traîne aux autels, qu'après en avoir fait l'objet de ſes ſoins & de ſes travaux.

KERMAELI.

Que de peines, pour les égorger !

VALSIN.

On nourit votre enfance & la mienne. Que de ſoins inutiles pour mourir ! Fallait-il vous livrer à la faim, parce que la mort devait fondre ſur vous à quelques pas de votre carriere ? Si vous pouvez détacher des Cieux la chaîne qui lie les deſtins, à la bonne heure je vous promets quelque choſe de ſtable. Mais homme, contentez-vous de ce qui eſt humain : ni vous ni moi ne pouvons rien au-delà. En un mot je ne connais que deux moyens dans le monde de rendre le luxe moins pernicieux à la ſociété : Que l'état ne dépenſe pas au-delà de ſes forces, & que l'eſtime & le mépris oblige le particulier d'employer ſon luxe à l'utilité publique. C'eſt le moyen de deſarmer la jalouſie, & d'endormir l'envie dans le ſein du pauvre. En connaiſſez-vous un autre ?

KERMAELI.

Je ne vois que miſere, ſotiſe & faibleſſe dans le genre-humain.

VALSIN.

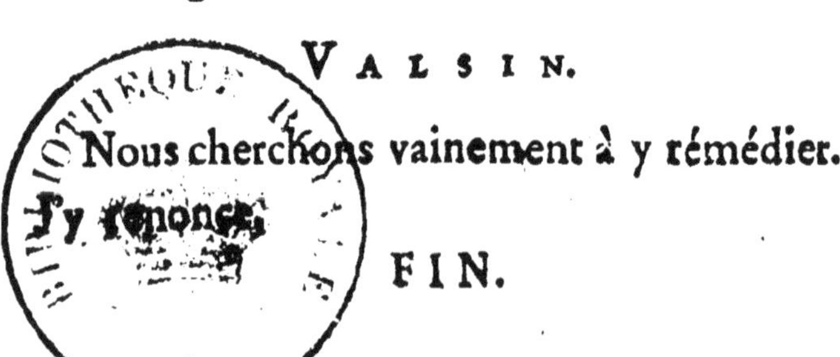

Nous cherchons vainement à y rémédier. J'y renonce.

FIN.

www.ingramcontent.com/pod-product-compliance
Ingram Content Group UK Ltd.
Pitfield, Milton Keynes, MK11 3LW, UK
UKHW020145200726
13856UKWH00003B/861

9 782013 623568